唐 鉴 ◎ 著

初中语文

深度教学课型创新实践

中国农业出版社
北 京

图书在版编目（CIP）数据

初中语文深度教学课型创新实践 / 唐鉴著. -- 北京：
中国农业出版社，2025. 5. -- ISBN 978-7-109-33241-6

Ⅰ. G633. 302

中国国家版本馆 CIP 数据核字第 2025LZ5198 号

初中语文深度教学课型创新实践

CHUZHONG YUWEN SHENDU JIAOXUE KEXING CHUANGXIN SHIJIAN

中国农业出版社出版

地址：北京市朝阳区麦子店街 18 号楼

邮编：100125

责任编辑：黎思玮

版式设计：杨　婧　责任校对：吴丽婷

印刷：中农印务有限公司

版次：2025 年 5 月第 1 版

印次：2025 年 5 月北京第 1 次印刷

发行：新华书店北京发行所

开本：700mm×1000mm　1/16

印张：13.5

字数：260 千字

定价：78.00 元

序

当前随着人工智能的飞速发展，教育的形态正发生着根本性、革命性的变革。正如美国哈佛大学教授加德纳所指出的："人类明日之需要，以及我们今日对智能、脑和师生文化之理解，均呼唤与过去迥然不同的教育。这种教育所需要的不只是掌握最重要的学科形式，更是灵活运用这些学科形式解决新问题、创造新思想的能力。"我们每个人正面临着"百年未有之大变局"，为实现中华民族的伟大复兴，教育必须变革，以适应时代之需、国家之需。

自 2016 年教育部提出"核心素养体系"概念以来，学界一直在探索："什么是真正指向学科核心素养的课堂？其外在的形态有怎样的表征？与传统的教学有哪些差异？"这些问题仍然在困扰着广大教师。课程教学论有两个著名追问——斯宾塞之问和菲德尔之问："什么知识最有价值？怎样学习知识才有价值？"这些在今天比任何时候都更重要。如何让学生创造着长大而不是长大了才创造，成为我们必须思考的问题。

从语文教育来看，随着新课标和新教材的实施，学习任务群、单元整合、情境创设、语文实践、阅读综合实践等一系列问题摆在我们面前。特别是新教材的诸多变化，如阅读综合实践、活动探究单元教学、变化的新篇目教学、整本书阅读的调整等，这些都有待我们去探索。可以这样说，当前的语文教育比任何一个时代都更召唤语文教师以研究者的姿态投入于工作中。

求精中学的唐鉴老师，以其质朴而执着的精神，一直以研究的方式进行教学。本书正是基于田野式的研究产出的成果。在翻阅本书的过程中，我感受到了作者难能可贵的探索精神，感受到其作为一位语文教师的一些独特思考。

一是探索大语文之路，弥补阅读"量"的不足。语文教育要想有"质"的突破，必须实现"量"的积累。这些年来，教材编者为增加学生的阅读量，推出了"整本书阅读"和篇章后"1＋X"阅读（一篇附带了几篇阅读），以及专题性学习（原综合性学习）中的阅读等。唐老师基于这样的理念，设计了"班级专题汇报课"，如在"地域与民俗"专题中，既推荐了《云南的歌会》《端午的鸭蛋》《吆喝》《春酒》，又精选了老舍的《北京的春节》、贾平凹的《秦腔》、迟子建的《采山的人们》，以专题的形式来引导阅读，实现了广度与深度的拓展。

二是全面关注语文素养，补齐语文教学的"缺失"。长期以来，有相当部分至关重要的语文素养被忽视，如阅读的态度与习惯、口语表达能力、语文思辨能力、高阶的群文阅读能力等，而这些能力在现代社会至关重要，如合作交流能力已成为21世纪学生的核心素养"4C"（批判性思维、沟通能力、合作、创造与创新）的关键要素。如何全面关注核心素养的要求，以凸显语文教育本质，是我们要思考的。唐老师专门设置了班级口头表达课、思辨课，值得赞赏。在思辨课上，他为学生推出了100道思辨题，如"世界上有那么多烟民，有那么多烟草企业。因此吸烟其实是利大于弊的，数量庞大的群体做出的选择也印证了这一点。请问你支持这句话吗？为什么？"这样的问题，有助于引导学生基于证据、基于严谨的逻辑推理来思索，并得出结论。当然，稍显遗憾的是，这类思辨大多是基于社会现象和生活事例的思辨，如果教师能结合着语文的文本阅读与写作来进行思辨，凸显其语文性，效果会更好。

三是对语文教学进行合理创新，推动教学形态的变革。比如建立班级阅读课程，定期组织周末家校读书沙龙，邀请家长携孩子参加，推动家校共育，强化阅读氛围。如他在引导学生阅读《西游记》时，开展了《西游记》读书会，采用"锵锵三人行"的方式，邀请了一位饱读诗书的家长和一位喜欢钻研佛经和哲学的家长，加上语文教师，组成嘉宾阵容，从《西游记》的前世今生到衍生作品，从情节人物到主题架构，从正统研究到奇谈怪论，从普遍共识到争议观点，令学生大饱耳福，家长频频点赞。这一做法符合"钱伯斯阅读圈"理论，值得赞赏！此外，还有基于"双减"政策对习题进行的优化处理：在练习中建立错题集，引导学生掌握不同习题类型的解答技巧……这些做法能够使学生从"题海"中摆脱出来，走向高效学习。

　　本书是教师基于教学实践过程的陈述，给人的感觉更像是一线教师的"教学手记"。在后续的研究中，还可以用前沿的教育学理论、语文课程理论等方式加强对实践的阐释与支撑。虽然如此，我仍然为重庆有唐老师这样质朴而执着的研究者点赞！我想，一位教师只要有了这种热爱的精神、研究的意识、执着的行为，就一定能够不断优化教学，提高教学水平，成就学生发展；就一定能够不断促进自身专业发展，最终成为一名研究型教师、学者型教师、专家型教师。我衷心希望广大语文教师能够阅读本书，从书中汲取灵感，探索出更多符合时代要求的教学创新路径，不断改进教学水平。同时我也期望广大教师能够学习唐老师的这种研究精神，不断"精进"自己的教学素养。让我们共同努力，为语文教育的改革与发展贡献力量！

　　是为序！

中国教育学会语文专业委员会理事　　　　
重庆市教科院基础教育教研所文科中心主任　陈家尧

2025.03

目录

序

第一章　课型创新实践综述

一、背景与目标

笔者所在的中学是该地区的重点中学，也是一所百年老校。由于学校久负盛名，生源水平曾经很不错，但是到了 2023 年笔者开始写这本书的时候，由于所在区域人口外流、市级直属学校扩大规模等原因，学校的生源质量已经有了明显下降。

这种生源水平的变化当然也会反映在语文教学上。笔者所在学校初一新生的课堂听课水平、思维表达水平、书写训练水平、作业完成质量、知识记背水平、写作水平、字词积累水平、阅读涉猎水平等都下降明显，他们对语文学科的兴趣也不如以前的学生。种种迹象都表明，针对新的学生情况，照搬原来的教学方法已无法适应新形势的需要。

本书旨在针对这一学情，以笔者所执教的初 2019 级 3 班为例，系统阐述在 2019 年 9 月到 2022 年 7 月间，在这个班级开展的语文教学实验的实施情况，进而探讨如何在此种生源条件下，高效地完成语文教学任务。

实验的目标包含以下几点：

1. 班级语文学科考试成绩位居学校和所在区域前列。

2. 学生的思维、表达、阅读、写作等能力显著提升。

3. 构建一套涵盖听说读写的班本课程体系，形成低负担、高成效的初中语文教学方法。

二、班本课程的基本结构

班级的课型创新实践，是以内容主题为抓手，以深化学习内容、提升思维水平为目的形成的一个以内容专题为中心的课程体系。

这个系列课型由讲读课、思辨课、习题课、口头表达课、名著阅读课、课外阅读课、作文课、专题汇报课等八种课型组成，本书将重点介绍具有班级特色的专题汇报课、思辨课、口头表达课、课内外阅读课和习题课等课型（见下图）。

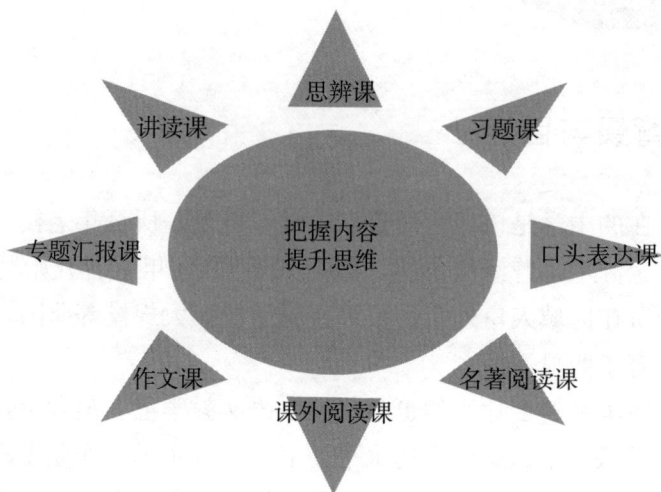

三、课型创新的设计思路

家庭文化素养不足的学生在学习语文上主要存在四大障碍：一是欠缺对学科的兴趣；二是缺少素材内容的积累；三是思维与表达能力不足；四是由于态度或方法的不足造成答题效率低下。

针对以上障碍，我们采取了以下策略：

1. 以趣味活动为切入点，结合名著阅读课，培养学生的学科兴趣。

2. 以内容专题为核心，整合讲读课、专题汇报课、作文课和课外阅读课，确保每个专题都有多种课型配合，夯实学生的素材积累和专题理解的能力。

3. 通过思辨课和口头表达课，提升学生的思维与表达能力。

4. 利用习题课及"每天一道题"实验，提高学生的练习效率，并通过习惯规范与训练，提升答题效率。同时，在设计中坚持以下指导思想：

1. 坚持以学生为中心，尤其是以学生的认知和记忆规律为中心，摒弃以教师认知为中心的教学方法。

2. 强调内容重于技法。巧妇难为无米之炊，学生缺乏内容积累时，单纯教授技法无异于"无源之水、无本之木"。因此，笔者坚持用群文阅读帮助学生积累内容。

3. 在"双减"背景下，强调教学效率，坚持不搞"题海战术"，以最小的代价换取最大成效，减轻学生负担。

四、课型创新的实施过程

第一阶段（2018 年 9 月—2019 年 7 月）

这个阶段是实验的准备阶段，发生在班级入学的前一年。主要完成的工作有：设计习题课，制作习题课错题本等资料，在当届的初三开展预实验并搜集数据，学年末对班级的整个课程体系进行设计，搜集整理各个课型要用到的表格和素材。

第二阶段（2019 年 9 月—2020 年 7 月）

初一这一年，班级完成思辨课 20 节，口头表达课完成朗诵部分，专题汇报课完成 16 个专题，课外阅读课推荐名著 6 次共 44 本，全班共看纪录片 17 部（超过百集）。课内阅读课组织名著鉴赏会 4 次，习题课完成 40 节，涵盖初中记叙文阅读的全部易错题型和基础部分的大部分易错题型。

第三阶段（2020 年 9 月—2021 年 7 月）

初二这一年，不再开展思辨课，口头表达课完成演讲部分和辩论部分，专题汇报课完成 15 个专题，课外阅读课推荐名著 6 次共 34 本，全班共看纪录片 11 部（近百集）。课内阅读课组织名著鉴赏会 4 次，习题课完成 40 节，涵盖初中说明文、议论文阅读的全部易错题型和基础部分的剩余题型。

第四阶段（2021 年 9 月—2022 年 7 月）

班级这一年是初三年级，这个阶段是实验的总结和分享阶段。由于重心在复习应考，初三这一年仅推荐名著 2 次共 11 本，归纳专题 8 个，完成习题课的全册总复习。学年末笔者向全区的语文教师分享了实验的过程，并开始准备以书面形式展示实验情况。

五、班本课程的实验成效

班级的语文成绩一直稳定在年级的前三名之内，在全区名列前茅。班级学生思维有深度，积累有广度，综合素质高，语文功底扎实，受到高中教师的喜爱，其中的佼佼者还在高中语文考试中成绩位居年级第一，多名学生的语文成绩位于高中年级、班级的前列。同时，实验还减轻了学生的作业负担，得到学生、家长和班级其他教师的欢迎，收到了良好的效果。

第二章　班级专题汇报课

一、以内容为抓手的指导思想

班级学生的家庭条件和社会经济地位在前文中已有介绍。笔者发现，在这群家庭文化条件和社会经济地位均处于城市中游的学生中，他们对内容材料的极度匮乏是语文学习的最大短板。因此，笔者将"内容"作为班级初中语文学习前期的重中之重。

这里所指的内容，包括文史哲等人文学科的知识储备与阅读涉猎，也包括对时事、社会、生活素材的接触与观察，还包括对各种内容主题的搜集与提炼。因此，这里的"内容"概念接近于传统语文教学中提到的"积累"。

这批学生对内容的掌握情况有多差？以文学为例，从仅四成的家长有大专学历可以看出，班级的整体家庭文化氛围较差，再加上五成的家庭具有农村进城背景，许多家庭既没有藏书，家庭成员也没有阅读习惯，导致孩子的阅读"量"和"质"都存在严重问题。从数量上看，六成学生除了小学语文教师推荐的课外书外，几乎不做其他课外阅读，甚至有少数学生由于小学老师的态度或家庭执行能力的问题，连老师推荐的课外书阅读也无法落实，真正实现了"阅读不超出教材"。从质量上看，学生的阅读内容以童话和校园故事为主，散文小说较少、诗歌稀缺，用漫画绘本代替文学作品，用自然百科甚至笑话、恶搞代替文学作品的情况时有发生。少数几本儿童畅销书或几本动物小说，构成了部分学生阅读的主体。整体阅读呈现低龄化、单一化、肤浅化的特征。

从另一种文学形式——电影文学也可以看出学生的鉴赏水平。全班能称得上观影有品质的学生仅一人，能与老师产生互动。有少数几名学生的观影水平正常，剩余的八成多学生的观影水平都在及格线以下，只停留在主要看漫威、动画电影和"有什么新片看什么"的水平线上。

历史方面，大多数学生尤其是女生，缺乏对历史常识的了解。和电影一样，班级历史发烧友仅一位。由于小学不开设历史课，家庭又不引导，多数学生对于历史的了解"一穷二白"，少数学生的历史知识来源于读过的几本历史书，"东拉西扯、张冠李戴"是家常便饭，"一问三不知"是普遍情况。历史考试全班成绩不佳，如在历史和百科知识问答时，学生常常无言以对。历史尚且如此，哲学水平就更差，没有体系，缺少涉猎，佼佼者也不过是读过一点儿哲理小段子而已。

社会时事方面，由于缺乏家庭的熏陶和必要的知识储备，学生对新闻时事既不感兴趣又一无所知。偶尔借助手机自媒体接触到一点儿信息碎片，又由于对历史、地理、政治、经济和法律知识的无知，而无法真正理解新闻背后的信息。

生活素材方面也缺乏观察和积累。由于被占据了过多的时间，学生的实际生活基本只剩学校、家庭和补习班。长年累月地重复这种单调狭隘的生活，学生连接触和观察的机会都没有，观察能力自然也得不到锻炼和提升。

当写作需要一定素材时，学生即使能通过网络搜索到一些素材，但搜索的效率和质量、对获取信息的认识与理解，都流于浅表、无法深入，从而难以对写作形成强有力的支持。

造成这种现象的原因很多。例如，许多学生学习语文的主要动机很功利，只是觉得不能让语文学科丢太多分而影响整体成绩，并非真正想学好语文，因此语文学习使命感不强。再如，许多学生认为语文虽然及格容易，但相对于其他学科而言，短时间内提高分数较难，得高分的可能性不大，因此学习的内驱动力不足，导致人文底蕴的培养与积累效果不佳，最基础的人文积淀落实不到位。

还有一种情况在来自农村学校和城市一般校的学生身上表现得尤为突出。在这样的学习环境中，教师、家长和学生三方对于加强语文积累都容易出现态度或能力上的不足。例如，这些地方的部分教师和家长只追求唯分数论、唯结果论，忽视对学生学习文史知识的要求，甚至对成绩本身都不要求、不重视，对增加语文积累更无从谈起，导致学生对文史知识学习不重视。即使想重视的教师和家长，也常受限于自身知识能力不高和信息渠道有限等问题。教师的教学方法和手段相对单一，知识结构不完善，导致学生对文化积累缺乏兴趣，也无法获取和了解足够的文史知识学习资料。家长更是受文化水平限制，有心无力，无法指导。

学生对内容的掌握积累如此惨淡，已严重影响了教师的授课效果和考试成绩。当内容素材一片"贫瘠"时，教师传授的方法与技巧即使被学生理解，也没有应用发挥的"土壤"。接触素材的匮乏也会限制学生思维的深度和广度，从而进一步影响方法与技巧传授的效果。甚至有一些理科强、文科弱的学生，尽管执行力强，能严格按照教师的答题技巧操作，但语文成绩依然难以提高。

"肚里没内容，脑中没思想"，是学生语文成绩不佳的两大软肋。尤其是"肚里没内容"，这是根源。"巧妇难为无米之炊"，学生没有足够的文史知识、生活素材的积累，你教给他厨艺，他却连米都没有，怎么做饭？他的作文只能是无病呻吟、堆砌辞藻，而且，这对他的口头表达和阅读理解都会产生负面影响。

那么，怎么办呢？

对内容的掌握是学生语文水平上不来的核心问题，需要找到一个合理的模式和做法，才能扭转局面，且这个办法见效不能太慢。例如一个偏理轻文的学生，你跟他说，语文需要慢慢积累，你慢慢看三五年的书，你的语文素养才能提上来。他会觉得这事很玄，做一会儿没成效，就会沮丧，然后怀疑自己是不是真的学不好语文。我们得找到一些快速见效的办法。要快速见效，就不能广撒网，而是要把力量集中在单个专题内容上，让他在这个领域里掌握大量的素材，产生更高水平的认识，从而成为这个专题的高手，这样他就会有成就感。

初中三年，笔者带着学生们做了 37 个内容专题。虽然这些专题不可能涵盖所有内容，但学生每完成一个专题，就相当于掌握了一个模板，从而对某个话题有了点儿了解和认识。学生对内容的认识程度需要达到怎样的水平，同时让学生认识到怎么达到这个水平，未来他若想认识和了解另一个话题，就可以按照这个模式操作。

这就是班级以内容主题为抓手，以深化学习内容、提升思维水平为目的构建的专题汇报课。

二、确定内容专题

笔者对专题的选择首先遵循一个指导思想：依托教材。教材里的课文本身就是专题积累的内容素材，然后把课外搜集的素材与课文结合起来，这样更有利于形成群文效应，提高学习效率。但我们无法完全以教材的单元主题作为内容专题，因为教材的单元划分并不都以内容为标准。

部编版教材的多数单元以内容为主题，例如"人与动物""民俗文化"等；但也有许多单元按体裁编排，例如"人物传记""古诗文魅力""演讲"等；还有一些单元按其他标准编排，例如"想象的翅膀""传统名篇"等。一些同一内容主题的文章分散在不同单元里，例如七年级下册第一单元"名人群星"涉及邓稼先、闻一多、鲁迅等人，而第四单元"传统美德"又涉及叶圣陶，这种编排不符合笔者以内容为核心的思想，因此必须加以变通。

于是，笔者将初中三年的课文按内容归类（不论年级），分成了37个内容专题，初一初二每学期约7~8个专题，初三时间少，每学期3个专题。

有的专题内的课文在同一册书里，例如"生命"专题中的课文《紫藤萝瀑布》和《一颗小桃树》，那就集中讲授。

有的专题内的课文不在同一册书，且结束得早，例如"亲情"专题，《秋天的怀念》《散步》《金色花》《荷叶·母亲》在初一，《回忆我的母亲》《背影》在初二上学期，内容也简单，可以提前讲。这个专题涉及的所有课文我们在初一下学期就都安排了。

也有的专题年级跨度大，涉及初一到初三的课文，其中有的难度还很大，不好提前安排，那就把这样的专题挪到高年级讲授。

偶尔也有把某个专题中容易的课文先安排讲授的情况。只要专题内容主体部分的课文讲完了，就把这个专题的内容安排讲授；还没讲的课文如果难度大，就先印发给学生看，略加点评，到了高年级时再讲。

附：主要专题及对应课文（以部编版为主，兼收了原人教版部分课文）

七年级上学期

专题：冬

济南的冬天（老舍）

雪梅·其一（卢梅坡）

菩萨蛮·白日惊飚冬已半（纳兰性德）

白雪歌送武判官归京（岑参）

《雪》（鲁迅）

专题：秋

秋天的怀念（史铁生）

天净沙·秋思（马致远）

秋词（其一）（刘禹锡）

苏幕遮（碧云天，黄叶地）（范仲淹）

秋天（何其芳）

专题：交友之道

综合性学习：有朋自远方来

《论语》十二章

专题：读书

综合性学习：少年正是读书时

谈读书（弗朗西斯·培根）

窃读记（林海音）

专题：人与动物

猫（郑振铎）

动物笑谈（康拉德·劳伦兹）

狼（蒲松龄）

昆虫记（法布尔）

斑羚飞渡（沈石溪）

专题：聪慧机智

《世说新语》两则（咏雪、陈太丘与友期行）

狼（蒲松龄）

庄子与惠子游于濠梁之上（庄子）

伤仲永（王安石）

专题：诚信

综合性学习：人无信不立

皇帝的新装（安徒生）

七年级下学期

专题：春

春（朱自清）

我看（穆旦）

晚春（韩愈）

钱塘湖春行（白居易）

浣溪沙（一曲新词酒一杯）（晏殊）

春酒（琦君）

专题：无私

纪念白求恩（毛泽东）

就英法联军远征中国致巴特勒上尉的信（雨果）

专题：亲情

综合性学习：孝亲敬老，从我做起

秋天的怀念（史铁生）

散步（莫怀戚）

金色花（泰戈尔）

荷叶·母亲（冰心）

回忆我的母亲（朱德）

背影（朱自清）

傅雷家书

爸爸的花儿落了（林海音）

我的母亲（胡适）

专题：以和为贵

综合性学习：以和为贵

专题：善良

阿长与《山海经》（鲁迅）

老王（杨绛）

驿路梨花（彭荆风）

藤野先生（鲁迅）

《骆驼祥子》

专题：骄傲与谦虚

赫耳墨斯和雕像者（伊索寓言）

蚊子和狮子（伊索寓言）

卖油翁（欧阳修）

叶圣陶先生二三事（张中行）

我一生中的重要抉择（王选）

专题：生命

紫藤萝瀑布（宗璞）

一棵小桃树（贾平凹）

谈生命（冰心）

生命-生命（杏林子）

专题：幻想之门

女娲造人（袁珂）

带上她的眼睛（刘慈欣）

北冥有鱼（庄子）

喂——出来（星新一）

《西游记》

《海底两万里》

八年级上学期

专题：思乡怀人

次北固山下（王湾）

天净沙·秋思（马致远）

峨眉山月歌（李白）

行军九日思长安故园（岑参）

春夜洛城闻笛（李白）

逢入京使（岑参）

黄鹤楼（崔颢）

月夜忆舍弟（杜甫）

乡愁（余光中）

专题：雨

昆明的雨（汪曾祺）

雨的四季（刘湛秋）

春夜喜雨（杜甫）

六月二十七日望湖楼醉书（苏轼）

定风波·莫听穿林打叶声（苏轼）

专题：自然山水

三峡（郦道元）

与谢中书书（陶弘景）

与朱元思书（吴均）

壶口瀑布（梁衡）

在长江源头各拉丹东（马丽华）

登勃朗峰（马克·吐温）

一滴水经过丽江（阿来）

潼关（谭嗣同）

渡荆门送别（李白）

采桑子（轻舟短棹西湖好）（欧阳修）

商山早行（温庭筠）

专题：学者风范

邓稼先（杨振宁）

说和做（臧克家）

回忆鲁迅先生（萧红）

叶圣陶先生二三事（张中行）

美丽的颜色（艾芙·居里）

敬业与乐业（梁启超）

专题：淡泊田园

诫子书（诸葛亮）

陋室铭（刘禹锡）

爱莲说（周敦颐）

竹里馆（王维）

约客（赵师秀）

饮酒（其五）（陶渊明）

题破山寺后禅院（常建）

野望（王绩）

游山西村（陆游）

行香子（树绕村庄）（秦观）

过故人庄（孟浩然）

清平乐村居（辛弃疾）

浣溪沙（簌簌衣巾落枣花）（苏轼）

专题：**勇敢坚强**

综合性学习：君子自强不息

伟大的悲剧（茨威格）

老山界（陆定一）

白杨礼赞（茅盾）

孤独之旅（曹文轩）

走一步，再走一步（莫顿·亨特）

美丽的颜色（艾芙·居里）

愚公移山（《列子》）

植树的牧羊人（让·乔诺）

最后一次讲演（闻一多）

海燕（高尔基）

钢铁是怎样炼成的（尼古拉·奥斯特洛夫斯基）

专题：**责任**

散步（莫怀戚）

木兰诗（佚名）

最苦与最乐（梁启超）

周亚夫军细柳（司马迁）

唐雎不辱使命（《战国策》）

出师表（诸葛亮）

八年级下学期

专题：**理想与追求**

望岳（杜甫）

登飞来峰（王安石）

龟虽寿（曹操）

行路难（李白）

沁园春·雪（毛泽东）

满江红（小住京华）（秋瑾）

南乡子·登京口北固亭有怀（辛弃疾）

天上的街市（郭沫若）

桃花源记（陶渊明）

大道之行也（佚名）

梅岭三章（陈毅）

过零丁洋（文天祥）

南安军（文天祥）

别云间（夏完淳）

红星照耀中国（埃德加·斯诺）

钢铁是怎样炼成的（尼古拉·奥斯特洛夫斯基）

专题：地域与民俗

回延安（贺敬之）

安塞腰鼓（刘成章）

灯笼（吴伯箫）

溜索（阿城）

云南的歌会（沈从文）

端午的鸭蛋（汪曾祺）

吆喝（萧乾）

春酒（琦君）

北京的春节（老舍）

秦腔（贾平凹）

采山的人们（迟子建）

专题：仕途得失

记承天寺夜游（苏轼）

小石潭记（柳宗元）

望洞庭湖赠张丞相（孟浩然）

酬乐天扬州初逢席上见赠（刘禹锡）

左迁至蓝关示侄孙湘（韩愈）

登幽州台歌（陈子昂）

专题：朋友离别

闻王昌龄左迁龙标遥有此寄（李白）

送杜少府之任蜀州（王勃）

送友人（李白）

白雪歌送武判官归京（岑参）

专题：爱情闺怨

夜雨寄北（李商隐）

庭中有奇树（《古诗十九首》）

关雎（《诗经》）

蒹葭（《诗经》）

子衿（《诗经》）

无题（李商隐）

专题：托物言志

白杨礼赞（茅盾）

陋室铭（刘禹锡）

爱莲说（周敦颐）

赠从弟（其二）（刘桢）

卜算子·黄州定慧院寓居作（苏轼）

卜算子·咏梅（陆游）

九年级

专题：忧国忧民

岳阳楼记（范仲淹）

醉翁亭记（欧阳修）

十一月四日风雨大作（其二）（陆游）

己亥杂诗（其五）（龚自珍）

春望（杜甫）

梁甫行（曹植）

专题：**热爱祖国**

综合性学习：天下国家

黄河颂（光未然）

土地的誓言（端木蕻良）

我爱这土地（艾青）

中国人失掉自信力了吗（鲁迅）

祖国啊，我亲爱的祖国（舒婷）

最后一课（都德）

春望（杜甫）

过零丁洋（文天祥）

专题：**黍离感世**

江南逢李龟年（杜甫）

水调歌头（明月几时有）（苏轼）

临江仙·夜登小阁忆洛中旧游（陈与义）

咸阳城东楼（许浑）

太常引·建康中秋夜为吕叔潜赋（辛弃疾）

浣溪沙（身向云山那畔行）（纳兰性德）

山坡羊·骊山怀古（张养浩）

专题：**战争**

曹刿论战（《左传》）

观沧海（曹操）

夜上受降城闻笛（李益）

木兰诗（佚名）

使至塞上（王维）

雁门太守行（李贺）

赤壁（杜牧）

相见欢（金陵城上西楼）（朱敦儒）

渔家傲·秋思（范仲淹）

江城子·密州出猎（苏轼）

破阵子·为陈同甫赋壮词以寄之（辛弃疾）

十五从军征（佚名）

专题：学习与教育

孙权劝学（《资治通鉴》）

虽有嘉肴（《礼记》）

送东阳马生序（宋濂）

怀疑与学问（顾颉刚）

谈创造性思维（罗迦·费·因格）

谈读书（弗朗西斯·培根）

不求甚解（马南邨）

专题：价值与坚守

台阶（李森祥）

永久的生命（严文井）

我为什么而活着（罗素）

精神的三间小屋（毕淑敏）

富贵不能淫（《孟子》）

湖心亭看雪（张岱）

鱼我所欲也（《孟子》）

屈原（节选）（郭沫若）

出师表（诸葛亮）

专题：批判现实

马说（韩愈）

卖炭翁（白居易）

中国人失掉自信力了吗（鲁迅）

范进中举（吴敬梓）

故乡（鲁迅）

我的叔叔于勒（莫泊桑）

孔乙己（鲁迅）

变色龙（契诃夫）

泊秦淮（杜牧）

贾生（李商隐）

式微（《诗经》）

长沙过贾谊宅（刘长卿）

左迁至蓝关示侄孙湘（韩愈）

山坡羊·潼关怀古（张养浩）

朝天子·咏喇叭（王磐）

儒林外史（吴敬梓）

专题：美学观点

山水画的意境（李可染）

无言之美（朱光潜）

驱遣我们的想象（叶圣陶）

三、专题汇报课的培训

在开展专题汇报课之前，教师对学生开展了两种培训，一是专题材料的搜集要求，二是信息搜寻与筛选。

在专题材料搜集要求的培训中，教师建议，搜集的基本模式包括：为本专题搜集三个观点、两条名言、两首诗歌以及身边的、新闻中的、文艺作品中的人物与事例各两个，还可以拓展搜集古今中外的事实和道理论据各一个。在小说、戏剧、影视、音乐、美术、诗歌、自然、地理、生物等方面中选择四个方面，搜集例子各一个，并填写在相应的表格中。

同时，教师强调，搜寻材料的目的是解决本专题的三大基本问题：是什么、为什么、怎么办。并鼓励学生在总结中归纳本话题的常见现象与实质，表述自己在搜集后对本话题产生的认识。

在信息搜寻与筛选的培训中，教师强调，我们这个时代的年轻人不缺信息，缺的是如何处理与整合信息。教师通过实例，让学生学习如何在网络上高质量地搜寻与处理信息，从使用搜索引擎的不同功能，增加、替换关键词，到根据搜寻结果判断内容与需求的匹配度，再到根据来源和文字判断信息的可信度及质量，最后可以利用人工智能工具优化信息质量。这些工作为尚带着小学生思维的初一新生适应班级专题课的要求做好了准备。

四、专题汇报课的实施流程

1. 进入专题：学习本专题涉及的课文

学习课文既是学生的基本任务，也是学生获得专题素材的重要途径。每个内容专题涉及的课文，我都会将其放在一起让学生集中学习。比如上文所述的热爱祖国专题，涉及的八年级课文有《黄河颂》《土地的誓言》《春望》，九年级课文有《我爱这土地》《祖国啊，我亲爱的祖国》《中国人失掉自信力了吗》。我会在九年级上完课文后发起这个专题的搜集任务。个别课文出现时间较晚的，我也会按计划把本专题尚未学过的课文放到一起，让学生集中学习或了解，熟悉课文内容，掌握相应素材。

2. 发布专题：安排学生搜集涉及本专题的网络资料

学生分小组搜集资料，搜集按照一定的规格要求进行，比如要搜集本专题的故事、童话、神话、寓言、民俗；古今中外的人物、事例；音乐、美术、小说、诗歌、影视等，还要写专题报告，发表对本专题的认识或感悟。

3. 品读专题：学生阅读教师搜集的群文资料

对于每个专题来说，虽然学生已经搜集了不少文章，但仍要给学生发放教师搜寻的文章。相比于学生搜集的文章，教师搜集的文章在分类的科学性、举例的典型性和作品的经典性上更具优势。

例如在"地域与民俗"专题中，教师既推荐了原人教版教材里的《云南的歌会》《端午的鸭蛋》《吆喝》《春酒》，又精选了老舍的《北京的春节》、贾平凹的《秦腔》、迟子建的《采山的人们》。这些名家名文比学生的选择更典型、更典雅，起到了更好的示范作用。

4. 展示专题：学生参加专题汇报会

学生在参加专题汇报会前要整理小组成员搜集的资料，然后在专题汇报会上先以综艺问答的方式回答本专题涉及的方方面面的问题，展示本专题下不同方面的范例。此外各小组还要制作课件、派出专题发言人，发表本组对该专题的理解和感悟。

5. 应用专题：学生写本专题的相关作文

教师设计的多数作文题目与同时期的专题内容保持同步。在完成专题报告会后，学生对本专题的资料准备和认识准备已就绪，便可将活动中获得的资料和认识融入本专题的相关作文中，从而在应用中巩固学生对专题内容的把握与理解。

附：

专题与对应的作文题目

专题名称	对应的作文题目
冬	大约在冬季/冬天里的一把火
秋	爱在深秋/秋天的童话
交友之道	你就这样成了我的朋友/就这样被你征服
读书	我的读书故事
人与动物	我的动物朋友
春	冬天过了是春天/（　　）的春天
亲情	念亲恩
诚信	以诚之名
雨	雨一直下/在雨中
自然山水	我最想停留的一个地方/一片树叶飘过中山四路
淡泊与田园	真味只是淡/那声音常在我心田
地域与民俗	一方水土一方人
仕途得失	进退之思，得失之辩
朋友离别	离歌
爱情闺怨	穿越千年的爱恋

五、专题汇报课的总结

从认识的角度来说，即使学生上完一篇课文或读完一两篇推荐的文章，他们对话题的印象也未必牢固，认识也未必深入。在集中学习多篇同一题材课文、背诵诗歌、阅读美文、观看电影、搜集资料、进行汇报、撰写作文，连续几周围绕同一内容展开活动后，学生掌握的素材才更丰富，对该内容的印象自然就更深刻。

笔者将相关的课文、诗歌、电影、文章等汇集成一组群文，这体现了群文阅读的思想，也体现了大单元教学的思想，因为将内容专题布置为一个任务群后，学生需要回答问题、进行汇报、撰写作文，完成一系列的任务，从而使他们的听说读写能力得到锻炼，同时也更加深入地理解了专题学习的意义。

此外，为了推动同一专题内容的学习，笔者打破了教材编排的限制，将同一内容主题的课文集中学习。为什么要这么做呢？因为教师的任务是用教材教语文，而不是教教材。一旦教师确定"内容"是学生最需要补充的核心，教材就要为这个核心服务。

总之，在这三年中，教材不是笔者教学的核心，专题才是。所有的课文都围绕各个专题推进，这是班级专题汇报课的核心思想。

通过专题汇报课的开展，学生的积累水平、思维水平和表达水平都得到了明显的锻炼和提高。

第三章　班级思辨课

一、班级思辨课的基本情况

班级的思辨课每两周上一节。基本流程如下：教师提前一周发布五个思辨问题，学生通过思考、讨论解决问题，无法解决的则通过周末上网或请教家长寻找答案。在下一周的思辨课上，学生展示自己的回答，并应对老师的追问。

教师认为学生回答有质量的，就在发言记录本上记分。一个学生每半个学期必须至少有一次有效发言，否则该课程不合格。对于发言数量多、质量高的学生，教师对其予以表彰。

二、思辨课的问题靶向

班级思辨课首先要解决的问题是绝大多数学生缺乏主动思考的习惯。

从学生入学开始，教师就注意到，学生上课思维不活跃，发言不积极，甚至从很多学生的脸上看不到有效的反馈。主要现象如下：

1. 上课时习惯于回答不用多动脑的简单问题，遇到困难的问题就陷入思维停滞的状态，等待老师揭晓答案。

2. 总以为老师是绝对正确的，或者老师掌握了唯一的正确答案，对此存在心理依赖。

3. 多数学生在明白老师不只问简单的问题后，就不敢主动发言，更不敢与老师争论。

4. 在独立处理文本的时候缺乏思维能力。

5. 知识涉猎面过窄。

从相当一部分的学生身上可以看出，他们在小学的语文学习中存在着只重笔头、不重视思维和口头表达的情况，而且很多学生习惯了平时不动脑、考前靠老师集中复习、大量刷题以求过关的模式。

笛卡尔说："心灵的本质是思考。"解决好思考的问题，对于提升学生的语文水平才是根本性的举措。曾任重庆市中语会会长的左瑞林老师也曾强调："语文教学的关键在思维。"同时，"言为心声"，解决好学生的发言问题，对于鼓励学生的表达欲望、激发学生的思考、探究其兴趣、提升其写作水平都具有重要意义。

三、100 个思辨问题

班级一共发布了 100 个思辨问题，按每两周一次思辨课、每次讨论 5 个问题的频率，总共有 20 节思辨课，历经 40 周，正好跨越整个初一。

100 个思辨问题

1. 一个爱问为什么的孩子注意到早上太阳出来，夜里就不知道去哪儿了。后来，孩子又注意到他的保姆也是早上出现在家里，到夜里就不见了。孩子得出结论，保姆的离去导致太阳也一起回家了。

请问，这个孩子得出的结论为什么错了？怎样避免这种推理错误？

2. 女孩甲：小勇真不是个男人，每次有人想欺负我，他都躲得远远的。

女孩乙：他要不是男人，你又怎么解释他身上那些发达的肌肉呢？

两个女孩对于有个词语的定义其实是不一致的，这个词是什么？她们各自对它的定义是什么？

3. "老师应该在课堂上增加更多的学生讨论，因为大多数中学生都缺乏思辨能力。"

有人说上面这句话，无论是观点还是理由都缺乏事实依据。你能为这句话的观点和理由各提供一条恰当的证据吗？

4. 广告词："镜泊湖牌安眠药，二十分钟见效。"

这广告词能说服你购买这种安眠药吗？为什么？

5. 家庭正变得越来越"危险"，和家庭相关的伤害案件的数量正在直线上升。2010 年，大约有 2 000 名 14 岁以下的儿童死于家庭事故。同时，每年有 10 万人被狗咬。更糟糕的是，哪怕电视机这个相对安全的家用电器也开始变成危险源。事实上，每年有 3 万人被电视机或者电视机架所误伤。既然家庭中曾发生了这么多的事故，也许人们需要考虑花更多的时间待在户外。

这段文字的目的是什么？你相信这段文字的结论吗？为什么？

6. 哈利：肯定是马尔福干的。

麦格教授：波特，这个指控可不轻啊。

斯内普教授：说的是，波特，你有什么证据？

哈利：我就是知道。

斯内普：你……就是……知道？（语带讥讽）波特，你的天才又要让我大吃一惊了。

请问，哈利·波特这段话犯了什么错误？

7. 旅游业现在已经处于失控状态，虽然它可能对经济发展大有裨益，但是它也会给地区环境和当地居民带来危害。我们应该采取更多措施来控制旅游业的发展。如果我们任由这些人随心所欲地肆意妄为，我们作为本地人必定会深受其害。

上面这段话有些方面的意思并不明确，这使得读者无法判断其言论的正误。你能指出是哪些方面吗？

8. 正方观点是：长得帅的人挣钱多。反方观点是：长得不帅的人挣钱多。

请分别从三个不同的角度证明正反方观点。

9. "亲爱的编辑：众议员托马斯提议通过增税来提高国家财政收入以便改善公路状况，贵报竟然支持他的观点，让我感到无比震惊。议员先生自然喜欢增税这一套了，一个民主党人，动不动就提议增加税收和支出，你还想从他那儿得到什么别的主意呢？"

这段话有些地方并不客观、理性，请你指出来。

10. 一位校长说："去年我们的一位毕业生考入了北京大学，并且现在是系里最突出的学生。这说明我们的学生完全能在一流大学里出类拔萃，并且找到好工作。"

他的话成立吗？

11. 很多国家的学校在安排校园体育赛程的时候，会把最受欢迎的男篮和男足比赛安排在周五晚上，家长来看孩子比赛很容易。而不那么受重视的女子比赛，则被安排在周三的晚上，而这正是家长们的工作日。

你认为这样的安排合理吗？说出你的理由。

12. "9·11事件"以前，世贸中心的一位租户向保险公司投保，保单规定，为他租的楼层里的每一桩导致死亡的事故做出最高不超过35亿美元的赔付。"9·11事件"发生后，他租的楼层里死了几十个人，他按照每人35亿美元的标准向保险公司提出了上千亿美元的赔付要求。

你认为，他的要求能实现吗？为什么？

13. 学英语的学生都应该至少看一部莎士比亚戏剧，这对他们学英语有好处。这段话需要一些前提才能成立，你能分析一下吗？

14. 我的朋友小红熬了一个通宵来复习备考，结果考得很好。明天我就要考试了，因此我觉得今晚没必要睡觉了。

请问这段的论证成立吗？

15. 某戒酒组织的官方微博发布了一个问卷调查结果——酒鬼的孩子更容易成为酒鬼。该组织在成渝两地的会员里随机抽取了两百人，让他们自愿填写调查问卷，结果发现77％的受访者声称其父母至少有一方是酒鬼。该组织又在这两个城市宣称自己不酗酒的人中抽取了300例做问卷调查，结果他们的父母一方是酒鬼的概率只有23％。

这个调查结果是否让你信服？你关心哪些细节？

16. 为大量学生提供伙食并不是一件容易的事，但是学校食堂应该尽量满足不同口味的人的饮食需求。整座校园的学生都异口同声地抱怨，不仅食堂饭菜的质量堪忧，而且食堂饭菜千篇一律、无从选择。食堂需要做的应该是提供种类繁多的饭菜来满足更多学生的需求，这样才能让更多的学生选择在食堂就餐，而不是去校外觅食。学校后勤服务每天没有提供种类丰富的伙食供学生选择，就是没有尽到为学生服务的职责。

这段文字的结论是唯一结论吗？想一想，能否得出其他结论？

17. 上个月伊斯坦布尔死于车祸的有 100 人，而死于跳伞事故的只有 3 人，因此跳伞其实比驾驶汽车安全得多。

以上推论合理吗？

18. "都已经过了 24 小时，马丽不回我微信也不接电话，她一定是快气疯了。"

请判断这句话的结论有没有其他可能？说三个。

19. "重新学习几何就像重新骑学习自行车一样，一旦开始了以后，所有的一切会自动扑面而来"。

这句话用了类比的方法。请试着再写两句运用了类比的话，阐释学习这一话题。

20. 世界上有那么多烟民，有那么多烟草企业，因此吸烟其实是利大于弊的，数量庞大的烟民群体做出的选择也印证了这一点。

请问，你支持这句话吗？为什么？

21. "大规模室内养殖不应该合法化，还有其他更自然的方法来生产我们所需的食品。"请你举出支持和反对这一主张的理由各两条。

你觉得"更自然的方法"是什么？

22. 我在访谈中发现，这所学校绝大多数学生和老师都说他们在这儿根本看不出有什么教育质量滑坡的现象，因此这所学校的教育质量并没有出现滑坡。

请问，关于"教育质量"一词，人们对它可能会有哪些不同的理解？

23. 某学校声称，为了防止有学生携带管制刀具进学校，近期每个进入学校的学生都要接受金属探测器检查，如有必要还要开包检查。

你觉得这种安排是否合理？

24. 妈妈：你和同学到哪儿去了？你为什么要跟我撒谎？

女儿：你总是挑我的错。

妈妈：我哪里"总是"了？

请问女儿在谈话中采取的应对策略是什么？妈妈应该怎么回应这一策略？

25. 你是否赞成将来有一天不再出版任何纸质印刷品，所有的书籍、报刊只以电子书的方式呈现？

说说你的理由。

26. 最近一项研究表明"冰激凌会导致犯罪"。研究人员研究了英国十大城市过去 6 年冰激凌的销量和犯罪率的大小，结果发现随着冰激凌销量的增长，犯罪率也呈现出上升的趋势。他们由此推测人们吃冰激凌会在大脑里诱发一种化学反应，从而导致产生犯罪倾向。

请问，为什么会出现这样的现象？有没有其他合理的解释？

27. 去年全国职业运动员的平均收入是 200 万元，快速致富的一个方法就是成为一名职业运动员。

你赞成上面这句话吗？

28. 为什么在一些国家废除死刑之后，另一些国家仍然保留死刑？

请你为保留死刑的国家找出几条理由。

29. 如果父母将教育子女当成自己的全职工作，并且具备一定的眼光、知识和耐心来从事这一职业，家庭学校也不失为一个好想法，但是父母在家教育子女往往是一种错误。

父母也许基于某种理由选择将自己的子女从学校接回家来自行教育。有时候是孩子在学校总是不守纪律，而父母宁愿选择让孩子辍学，也不愿容忍学校处罚自己违纪的孩子。这样的动机并不能保证接下来的家庭学校就可能产生良好的结果，此外，当家里没有其他大人来监控时，很可能出现这样的情况：如果父母在家里体罚子女，根本就不会有人知道，而社会需要知道这些孩子在家是否接受了应当接受的正常的教育和待遇。

你怎么看待上述文章的观点？

30. 我们公司一直都有很多能干的员工。如果你加入我们的队伍，那么你就能立刻享受到我们刚谈到的那个工资待遇，当然，还有很多额外的福利。我希望你在选择就业的时候考虑所有这些因素。

听到这样的话，你是否能下决心加入这家公司？为什么？

31. 家里添一套监控系统纯粹是浪费钱。如果贼要光顾你家，他们总归想得到办法，无论你装什么系统都不管用。

这个思路有没有不妥的地方？

32. 松狮犬通常受到大众的无理歧视，因为只有少数几例松狮犬的凶猛行为才会导致人们异乎寻常的过激反应，只有傻瓜才会禁止养松狮犬。多数人有关松狮犬的投诉都来自恨犬的人士，他们一见到狗就吓得胆战心惊。我还有一个医师邻居，她也说绝大多数松狮犬都不是好斗、凶猛的，明确颁布养某种犬的禁令只能是一种简单粗暴的权宜之计。我也见过不少其他犬类咬人的，因此单纯禁止松狮犬并不能完全防止狗咬人的事件发生。一旦禁止养松狮犬的法案获得通过，下一步必将是禁止养一切可能咬人的狗。

以上的言论中哪些地方有问题？

33. 医生建议我应该服用抗抑郁药来克服自己的抑郁症状，因为这是医生的建议，所以我不用担心药物的副作用。

这句话你是否赞成，为什么？

34. 在最近的一项研究中发现，准备参加一场标准化考试的学生去上了一门专教学生如何应付考试的特别课程。结果，比起那些仅复习了与考试相关的几本书的学生，他们的得分普遍要高。

请问，这部分学生分数更高的原因一定是参加了特别培训吗？

35. 克隆技术可以在医疗领域取得很多突破，如果我们适当发展克隆技术，更多人就无需因为缺乏器官捐助者而死亡。有了克隆技术，研究人员可以为那些急需做器官移植手术的人培育新器官。由于这些器官是由病人自己的组织培育的，因此不会出现器官排异反应。克隆的器官还可以在没有头颅的身体里培育，这样就不需要更多的活体来拯救人的生命。

克隆技术只有上文说的好处吗？你能说几条反对意见吗？

36. 我们要不要关闭这所学校旁边的电竞酒店？答案肯定是：要！自从这家电竞酒店开业以来，该学校已经抓到八名高中生去酒店了。

请问，有没有其他的解决问题的办法？

37. 小吴严肃地告诉大家："如果被厉害的蜈蚣蜇伤，可能比被很多种蛇咬伤还危险。"小红表示不相信。

你能帮小吴提供一条证据吗？

38. 美国总统特朗普说："政府需要大大削减外来移民的人数。这个国家现在已经人满为患，我们开始深受其害，比如居高不下的失业率和日益严重的水污染。同时移民也开始危及这个国家的文化。"

请指出这段文字哪些地方表述不清？

39. 推销信用卡的工作人员声称，使用信用卡是实现个人收支平衡的最有效的途径。

你同意吗？你还能说几个有利于实现个人收支平衡的办法吗？

40. 阅读传统教科书比阅读电子文本在学习效果上要好得多，因为以教材的形式来展现各种材料非常有利于学习。

上面这段论证所提供的理由你认可吗？为什么？

41. 一位美发师认为，百度百科的内容有时不够准确，有待修改和完善，但是不会出现彻底的方向性错误。还有，他在网上看到名为"顶上秀美发公司"的博客，他认为这是该公司的网站，能够为他决定是否加盟该公司提供了可靠的信息。

对此，你怎么看？

42. 一名公司高管被控窃取公款。据说他本来家境优越，只是由于最近理财不当赔了很多钱，孩子又需要做心脏支架手术。为了不让家人失望，维持成功人士的形象以及维持家庭稳定收入，他不得不干了这事。

请问，这样的理由可以接受吗？有没有其他诱因？

43. 广告词：公主牌发胶，现在效果要好百分之五十。

这话有什么问题？

44. 唐太宗是否是最厉害的皇帝？

这种问题你该如何回答？

45. 提前通过科技手段判断胎儿的性别是否应该被禁止？

说出支持或反对的理由。

46. 学校的着装规定目的是营造一种专心致志的学习氛围。如果一个学生衣着不当地来上课，就可能会极大地分散其他同学的注意力。在校期间遵守着装规定并不是限制学生的个人自由。不同于要求学生统一着装，着装规定依旧允许学生自由选择自己的服装，只要不被视为不当着装即可。

这段文字想表达什么观点？理由是什么？

47. 李旭：我发现刘鹏最近的行为一直有点古怪。他对别人的态度真的很粗鲁，把学生宿舍里弄得一团糟，而且坚决不清理干净。你认为到底发生了什么事？

博文：对我来说这一点儿都不奇怪，他就是个"混球"。

请问博文的表述是否合适，有什么问题？

48. 每当我的病发作，医生总是让我用这种药控制病情。因此这种药一定是他能找到的最合适的药。

如何看待这个论证？

49. 有些知名篮球运动员想在比赛中超常发挥，他们发现了一种既便宜又有效的装备来提高他们的投篮命中率，那就是"火箭"牌发带。根据制造商的信息，制作这种发带所用的材料可以和头部的自然能量区域相互作用，导致运动员投篮时的注意力大大增强。现在戴这种发带的篮球运动员明星在足球报体育记者的访谈中有以下的评论。

运动员甲："我现在不戴发带就不打球。每投一次球，我都能确切地感受到篮球在飞往篮框的中心点。"

运动员乙："太神奇了。之前我从来没有在篮球比赛当中感受到发带所能带来的妙用。现在我力劝全队的人都戴这个。"

请问，如果这是这两名球星的真实感受，这种推荐语可以信赖吗？为什么？

50. 有一位专家宣称小学生患上抑郁症的原因主要是遗传，你能说几个其他的原因吗？

51. 某电影的预算高达 9 亿元，这是否能说明电影行业的"烧钱"行为已经非常疯狂、非常不理性了？

52. 某大型企业花大量时间和金钱在儿童节目中精心投放各种商业广告，竭力向他们推销最新款的玩具，告诉孩子们只有得到这些玩具他们才能过得更幸福、更快乐。向孩子们做这种广告简直令人发指，应该被定为非法。向孩子做广告，而孩子根本不能客观评价此类广告，实际上也是给他们的父母出难题，要么对孩子说"不"而让孩子不高兴；要么对孩子有求必应，最终宠坏孩子。

你觉得有关部门应该认定针对儿童的广告为非法吗？

53. 公共游泳池有可能成为威胁人们健康的公害。很多公共游泳池并不能严格遵守卫生法，从而为水生细菌的感染提供了空间。研究表明一半的公共泳池都不能保证水里的氯含量达到正常水平，很多游泳者在使用公共泳池以后就开始患病。

请指出这段材料的论题（讨论的话题）、论点（主要观点）、证明观点的理由、以及支撑理由的例子。

54. 有人认为不应该允许堕胎，也有人认为不应该禁止堕胎。
你能为他们各找一些理由吗？

55. 推销人员说，我长年在各种情况下驾驶这种型号的卡车，它能完成所有的任务，从不让人失望，因此我觉得你该入手一辆。
如果你是一名挑剔的买家，你觉得他的推销里有什么漏洞？

56. （拉票演讲）在即将到来的选举中，你迎来了一个为一位女性投票的良机，她代表了这个伟大国家的未来，她为实现自由长期奋斗，为捍卫国家利益不遗余力，她为追寻国家梦想而当机立断、信心百倍、勇往直前。这位女性充满爱心，为儿童福利出力，为环境保护奔走，为推动国家迈向和平、繁荣和自由而出谋划策。投王女士一票就是投真理一票、投梦想一票、投常识一票。

有人说这样的演讲并不能让人信服，为什么？

57. 我不会让自己养的狗在附近四处乱跑给我惹麻烦，因此我为什么不能要求 15 岁的孩子八点钟宵禁呢？我有责任保证孩子的安全，也有义务承担他晚上在外面做任何事所带来的后果。正如我的狗乖乖地待在院子里一样，我想让孩子也乖乖地待在屋子里。这样，我就十分清楚他们都在做什么了。

你同意这位父亲的论证吗？

58. 电视节目《芝麻街》中有这样的桥段：木偶伯特发现阿尼把一根香蕉举到耳朵边，伯特问他为什么这么做。阿尼说他是用这根香蕉来驱赶鳄鱼。伯特指出芝麻街上根本没鳄鱼，阿尼说："对呀，因为这根香蕉起了大作用呀。"

你如何看待这个事情？

59. 大约有 50% 的法国人欺骗过自己的另一半。研究人员最近在一家购物中心采访了很多人。在接受采访的 50 人当中，有 20 人坦承他们有朋友曾经承认欺骗过自己的约会对象。

根据上面这段话所表述的，你认为这结论可信吗？

60. 某学校规定，学生要想顺利毕业，必须在其生活的街道或小区义务劳动时间累计达到 50 个小时。不过有的学生认为应该废除这条规定。

为此，你能帮他们找几条合适的理由吗？

61. 美军进入阿富汗以后抓获的俘虏有不少被关在关塔那摩监狱。最近狱方表示，监狱内不少俘虏死于"惩罚自己的危险事故"。

你怎么理解这个词？你觉得狱方为什么使用这样的措辞？

62. 普京在莫斯科举行的"能源周"能源论坛上批评 16 岁的瑞典青年活动人士格蕾塔·通贝里，称她是被成年人利用的无知青年。她此前在联合国气候活动上愤怒发言，指责世界领导人对气候问题不作为。普京在能源论坛上表示，自己不同意格蕾塔的发言。普京说："没有人向她解释现代世界是复杂且不同的，生活在非洲和许多亚洲国家的民众想要生活在与瑞典同等财富水平的社会中，那应该怎么做呢？"

你怎么看待普京的观点？

63. 电视节目中一位被收养的孩子找到了自己的亲生父母，看完节目后小王的观点是，每个被收养的孩子都应该有权找到自己的亲生父母。可隔壁邻居却说，那未必是好事。

你能为他们各自找些理由吗？

64. 我一看就知道这个彩票售卖点会让我成为人生赢家！

你怎么评价这样的表态？

65. 一个学生说：为什么法律系的学生参加难度极大的考试不允许使用笔记本电脑，律师却能用电脑来查阅棘手案件的相关信息呢？

对此，你怎么看？

66. 人们坚持锻炼能使自己在寒冷和流感季节不受疾病的侵扰。根据最近一项针对100名成人志愿者为时3个月的研究发现，那些一周至少锻炼5次的人比那些每周锻炼不到一天的人生病的时间要减少40％。

少生病的原因一定是因为锻炼吗？有没有其他的原因？这段话一定能证明锻炼的好处吗？

67. 最近一项研究显示戒酒可能会缩短人的寿命，而更加引人注目的事实是禁酒主义者的死亡率要远远高于那些酗酒者。适量饮酒，即界定在每天喝一两次酒，常常和最低的死亡率联系在一起。在长达30年的研究周期里，那些目前不喝酒的人死亡率最高，不管他们过去喝不喝酒；酗酒者的死亡率排第二位；适当饮酒的人死亡率最低。样本包含了1 500名参加者，在30年研究周期的一开始，他们的年龄分别是45至55岁不等。死亡率如下：从来不喝酒的人为70％；酗酒者为60％；适量饮酒的人为40％。研究人员表示酗酒者比滴酒不沾的人寿命要长，一个重要原因是社会交往活动所起到的正向效果。

上面这段文字中哪些地方存疑？为什么？

68. 一位法律工作者表示，一般法庭审判的过程不应该在电视上直播。

请你帮他为此找几条理由。

69. 我们绝对有必要对日光浴施加一点儿限制。日光浴存在实实在在的健康威胁，会带来很多严重的后果。研究表明，那些晒太阳的人得皮肤病的危险大大增加，这些都是曝晒的结果。

这段文字中的哪些地方描述不准确？

70. 诚实是不是我们在任何时候的选择？哪些时候我们还是不要诚实好呢？

71. 有人说，让媒体对自己的新闻来源保密，而不是随时向公众公开是有好处的。

试分析一下这样做的利弊。

72. 有人说参与拍摄"非诚勿扰"这一类节目的都是骗子，如痴似醉地"围观"这类节目的都是智力障碍者。

试分析其言论的合理性。

73. 2009 年，美国德克萨斯州胡德堡军事基地的军医哈桑在基地内向士兵开枪扫射，死伤 40 余人。目击者说他好像专门射杀穿制服的士兵。

如果你是调查人员，你觉得可能存在哪些潜在的原因？查明原因前你要了解哪些情况？

74. 医生对 20 岁的病人说：你的癌症不容乐观，同样病症的病人的存活时间的中位数是 10 个月。

请问病人是不是可以为自己准备后事了？

75. 为什么许多儿童产品广告都要和动画片中的形象结合起来？这抓住了哪些人的哪些心理？

76. 有人动手打你，你该不该还手？

77. 有人指出，大麻有镇痛作用，副作用轻微，而且在有的国家吸食大麻是合法的，因此我们也应该推动吸食大麻合法化。

你如何反驳他的观点？

78. 甲：任何一个不把美国通缉的恐怖分子交给美国的国家，都是恐怖分子的同伙，也是美国的敌人。

乙：像你这么一个家里有亲戚在中央情报局工作的人，当然会持有这种观点啦。正是你们这种人让美国被全世界讨厌。

如何评价这两个人的对话？

79. 一名警察射杀了一名徒手的嫌疑人。警察解释说误以为这名犯罪分子在伸手掏枪。可是旁观者报告说受害人根本没有做出任何有威胁的举动。

请你分别站在控方和辩方的角度发表观点。

80. 大学生小张最近情绪很沮丧、低落，这时他在网上看到一篇文章，题目是《百分之四十的大学生都饱受抑郁症的折磨》。

你觉得他看了这个可能会这么想？你觉得他应该怎么想？

81. 开跑车很危险，不该让他们上路行驶。去年就有5 000名车主驾驶跑车死于交通事故。

这个证据是否足以证明观点？

82. 有人说，对于一个人口大国来说，增加一些非法移民不是什么大问题，也有人说这是个应该重视的问题。

你怎么看？

83. 对民众使用的药物种类及剂量进行法律管制，这是否多此一举？不是有医生建议就可以了吗？

对此，你怎么看？

84. 有人说人类用猴子做实验是残忍和不人道的。

你是否赞成这种观点，请陈述理由。

85. 有老师认为，增加课堂发言和学生讨论有利于学生成绩的提高。也有老师认为，这两者之间没有紧密的关联。

你怎么看？请陈述理由。

86. 有人说，公立学校的教师终身制会使得很多教师失去进取的动力，因此应该在公立学校取消教师固定工资的政策规定。

对此，你是否赞成？

87. 吴医生的研究团队试图证明母乳喂养对妈妈和宝宝都有好处。他们通过实验比对得到了一些数据，比如一生当中哺乳期超过 1 年的女性，绝经以后患心脏病或中风的危险要比从没有哺乳过的女性减少大约 10%，她们患糖尿病、高血压、胆固醇偏高等的风险也大大降低。

请问，得出这样的研究结论是否严谨？

88. 当代大学生每周的平均学习时间比 20 年前的大学生下降了 50%。

这是否能说明，这一代的大学生不如他们的前辈？

89. 有人说，美国发生那么多校园枪击事件还不果断禁枪，说明政府不作为，也有人觉得不能这么说。

你怎么看？

90. 有人说，不管是苏联的切尔诺贝利核电站，还是日本的福岛核电站，都给民众带来了严重的灾难，因此不应该建核电站。

对此，你怎么看？

91. 我反对政府的儿童发展计划。我对保护这个国家的儿童感兴趣。他们需要远离社会规划者和自以为是主义者的保护。这些人想打破生命的正常历程，想把儿童与其父母和家庭隔离开来，以使他们成为"20 年内创造无限幸福"的大众计划制造出的一批"小卒"。儿童应该在父母的呵护下成长，而不是由保育员和护士来抚养。争论的问题是，父母是否继续享有培养他们孩子的权利？政府是否应当被赋予培养儿童的权利？

上面这段话的主要观点是什么？主要理由是什么？这段话的论证是否合理？

92. 医药公司修改研究数据，以便让它们的止痛药对健康的危险显得比实际少一点儿，我不明白为什么有人对这种做法颇有微词。服用那些药物后的副作用并不大，而且还有很多好处。毕竟还有成千上万的人在使用这些止痛药，并从中获得了缓解疼痛的效果。

请问，你是否赞同上面这段话的分析，为什么？

93. 甲说：香港是中国的一部分。因此，当中国男足对阵香港男足的时候，香港球迷支持香港队是不对的，应该支持国家队。

乙说：在赛前唱国歌的时候有香港球迷发出嘘声，那是他们的自由。

我们不应该干涉别人发表意见的自由。而且，如果处罚他们，就属于用政治来干涉体育。体育，是不应该掺杂政治的。

请问，你如何看待这两种说法？

94. 最近的一项研究报告指出：吸烟可抵抗流感。研究人员分析了500名烟民，结果发现三分之二的烟民在过去3年里从没有得过一次流感，他们推测说香烟燃烧时产生的尼古丁杀死了感冒病毒，让它无法传播。

以上观点是否成立？为什么？

95. 在过去的一年中，我们学校的体育生数量增加了一倍，再这样下去，我们学校就会被体育生占领，变成一所体育学校了！

请问，对于上面这段话你如何评价？

96. 学校是否有权检查学生的抽屉？

你怎么看？

97. 你的"死党"在考试中"惨败"是因为沉迷某款游戏。

你该不该告诉老师？

98. 你觉得孩子青春期爱发脾气是否应该被理解？

99. 高考时少数民族地区的考生能加分，你觉得是否公平？

100. 我们该不该把那些发表分裂国家言论的人全部抓起来？

四、班级思辨课的总结

班级思辨课这100个问题，话题涉及政治、经济、历史、文学、体育、教育、法律等诸多社会领域。这些问题答案往往不是唯一的，在网络上也不容易找到现成的答案。教师提出这些问题，旨在培养学生思辨和挑战的意识，训练学生的逻辑思维，从而发展学生归纳、概括、分析、发散等方面的能力。

青少年时期的思维训练至关重要，一些成年人年轻时欠缺阅读和思维训练，成年后试图增加这方面的训练，往往效率很低。没有经过思维方法的训练，学到的知识往往是碎片化的而非体系化的，是浅表的而非本质的，是经验的而非规律的。

思辨课的设置旨在对学生进行基本的思维和表达训练。实验表明，班级大多数学生通过思辨课减少了"思维懒惰症"，摆脱了"发言恐惧症"。

当然，增强学生的表达能力仅靠思辨课是不够的。我们还开展了扎实的口头表达课，以进一步解决学生发言困难的问题。

第四章　班级口头表达课

一、口才培训的"三步曲"模型

　　班级的口才培训，是按照初一朗诵，初二上学期演讲，初二下学期辩论的模式进行的。这样的安排，与教材的安排不太同步。教材在初三才出现议论文、演讲和辩论的学习。鉴于初三时间紧张，没有充裕的时间开展活动，于是将演讲和辩论提前到初二进行。

　　从技能上看，朗诵是演讲的基础，演讲是辩论的基础。从难度看，朗诵无需原创，只需理解、演绎现成作品；演讲需要原创，但仍是展示既定方案，无需强烈的实时交互变化。因此，让学生在掌握一部分技能的基础上，再参与难度更高的项目，是较为合理的安排。

　　初一年级的朗诵分为两个阶段：

　　初一上学期：强调对朗诵基本知识的学习和传统形式朗诵的练习。

　　初一下学期：通过班级朗诵比赛检验学习成果，并增加电影对白等不同朗诵形式的相关展示。

　　通过朗诵训练，学生的阅读能力和艺术鉴赏水平得到提高，同时陶冶性情、开阔胸怀、文明礼仪、启迪智慧。朗诵还能有效培养学生对语言、词汇细致入微的体味能力以及如何确立口语表述最佳形式的自我鉴别能力。

　　笔者要求学生在朗诵前应做好一系列的准备工作，包括：根据朗诵场合和听众需求，选择语言形象且适于上口的朗诵材料。对作品有正确深入的理解、深刻细致的感受和丰富逼真的想象。利用朗诵的基本表达手段（停顿、重音、语速、句调等）对作品进行分析和演绎。

　　以《音乐巨人贝多芬（节选）》为例，我要求学生能够按照四种常见表达方式对文段进行正确标注。

1. 重音标注（加着重号为重音）

命运加在贝多芬身上的不幸是将他灵魂锁闭在磐石一样密不通风的"耳聋"之中。这犹如一座永无天日的幽囚的小室，牢牢地困住了他。不过反过来，在另一方面，"聋"虽然带来了无可比拟的不幸和烦忧，却也带来了与人世的喧嚣所隔绝的安静。他诚然孤独，可是有"永恒"为伴。

2. 停顿标注（斜杠为停顿）

命运/加在贝多芬身上的不幸/是将他灵魂锁闭在磐石一样密不通风的/"耳聋"之中。这犹如一座永无天日的幽囚的小室，牢牢地/困住了他。不过反过来/在另一方面，"聋"/虽然带来了无可比拟的不幸和烦忧，却也带来了与人世的喧嚣所隔绝的/安静。他/诚然孤独，可是有"永恒"为伴。

3. 语速标注

命运（中速）加在贝多芬身上的不幸（快）是将他灵魂锁闭在（慢）磐石一样密不通风的（快）"耳聋"之中（慢）。这犹如一座（慢）永无天日的（快）幽囚的小室（慢），牢牢地困住了他（慢）。不过反过来（中速），在另一方面，"聋"（中速）虽然带来了无可比拟的不幸和烦忧（快），却也带来了（中速）与人世的喧嚣所隔绝的安静（慢）。他诚然孤独，可是有（中速）"永恒"为伴（慢）。

4. 语调标注（↑升调↓降调）

命运加在贝多芬身上的不幸是将他灵魂锁闭在磐石一样密不通风的"耳聋"之中。↑这犹如一座永无天日的幽囚的小室，牢牢地困住了他。↓不过反过来在另一方面，"聋"虽然带来了无可比拟的不幸和烦忧，↑却也带来了与人世的喧嚣所隔绝的安静。↓他诚然孤独，↑可是有"永恒"为伴。↓

学生掌握了朗诵的方法，能够独立分析文本的朗诵策略，对于提升朗诵水平和增加朗诵题得分率都大有裨益。

初二上学期开展的演讲，首先强调学生应学好如何写演讲稿，好的演讲稿是演讲成功的一半，这也为初三的议论文阅读与写作打好了基础。

在演讲稿写作中，教师指导学生通过解读演讲稿要求找准写作方向，把握写作篇幅。事迹类演讲稿要求选材真实、情感真挚，刻画细节，让人感同身受。通过大量了解当事人的事迹，找到感动的瞬间，并提炼事迹的精神实质。通过细节刻画和抒情议论的渗透，凸显人物价值。演讲从本质上是靠情感和思想吸引人，因此离不开议论和抒情。通过这样的学习，学生能够抓住文体特征，写出合格的演讲稿。

除了演讲稿写作培训，还要对学生进行登台培训，包括：登台前的整理服装、调整心态、集中注意力；上台时的合理移动与选位，站姿仪态的端庄大方；开场白流程的规范得体；演讲过程中的目光、表情和动作管理；演讲发言风格的选择；退场的流程等。

初二下学期的辩论比赛，依托《狮城舌战》等书籍和《超级演讲家》、TED演讲等视频资源，训练学生做好辩论稿的写作，并安排班级辩论赛进行检验。

二、基于竞赛经验的实战培训

笔者具备丰富的朗诵、演讲、辩论比赛的参赛经验，曾获得从市区级到国家级的各种口才类竞赛一等奖，也具备丰富的竞赛指导经验，曾指导青年教师参加各类市区级朗诵演讲比赛，并获奖数十次。这些宝贵的实践经验，也成为了班级口头表达课的课程资源。

登台前后应该怎样准备，如何在各种口头表达比赛或展示中有好的表现，是班级独特的训练课程。首先，学生需对登台有正确认识，意识到登台能够锻炼、培养和提升自己，避免逃避或排斥心态。其次，制定登台比赛计划，端正态度，保证精力投入，完善准备细节，例如如何建立科学的备赛模式、合理的参赛策略和赛前调节方法、如何弥补登台缺陷、登台前需要考虑的事项、深刻认识比赛成败的分析和得失等。

从整个口头表达课的效果来看，除了达到预期目标之外，学生还有一个显著的变化，即自信心得到增强、表现欲得以提高，这些对提升学生的语文学习兴趣都大有裨益。

建立备赛模式的课堂实录（节选）

为了准备好登台比赛，你应该迅速建立起一个科学的备赛模式；备赛模式科学了，效果也容易更好。

拿我参加的最后一次大型比赛为例。比赛总共分三项，第一项是抽取教育观点，准备五分钟，然后做五分钟的即兴演讲。演讲本来是我的长项，但是一来我已经四十多岁了，反应有所下降，二来对于准备五分钟讲五分钟的要求，本来就有难度，因此不能马虎大意。第二项是抽取教育教学案例，用一个小时写案例分析。这个项目我也不怵，对于议论文写作我也擅长，但这个项目的难度在于，一是教育教学案例的题材范围较广，二是限时完成，三是不知道各个参赛者的水平，难以判断自己的名次。第三个项目是硬笔书法，只知道考钢笔字，具体的考核内容和方式不详。这个项目是我的弱项，从小到大书法就没怎么练过，估计在所有参赛者中我只能排名末位。

这三项比赛怎么准备呢？首先我认为，尽管之前在比赛中是常胜将军，但那已经是过去的事情，现在我的参赛感觉已经不在状态，而且体力下降明显，脑力也不在巅峰，必须要建立模式，天天操练，才能找回感觉。

具体来说，演讲是我最擅长的，但也不能掉以轻心，还得认真准备。我搜集了几十个不同方向的教育观点，将其做成题库，每天抽一个来试讲。针对准备五分钟、讲五分钟的比赛项目要求，我认真地构建了演讲模型，如五分钟的演讲分成几段比较科学，讲哪些方面比较适合我，我应该从哪些方面罗列材料，主题和语言上要做哪些渲染，这些都是主题内容上的考量。还有五分钟的准备期的考量：多少时间列材料，多少时间搭框架，多少时间做记忆，多少时间润色语言，都要形成固定模式。模式固定后，那段时间我一直都在练习。

建立案例分析的题库更加重要。首先，我搜集了多个教育教学案例比赛和讲座的题目，同时在网上又搜寻了大量的教育教学案例，然后对于一般教育案例或者教学案例有哪些常见的类别、每个类别往往反映了什么现象、实质是什么、应该怎样分析，都一一做好整理。最后我筛选了教育案例和教学案例各25个，做成题库。每天回家抽其中一个题目，花1个小时写一篇分析。

至于我最薄弱的书法项目，首先我找了一位书法家协会的同事做老师，在他的指点下，分析可能出现的比赛方式，再根据我的书写基础，制定一个培训计划，一个月的时间能做哪些改进，写成什么样子合适等，然后我就按照老师和比赛的要求，每天不折不扣地做练习。

从接到通知到参加比赛，一共有三十五天。到上场的那天，我其实已经完成了当天的全部比赛，因为自己已排练了大约三十遍。

最后比赛的结果证明了我搭建的这个备赛模式的有效性：在全部的选手中，我的演讲排在第一，案例分析也排在第一，硬笔书法排在中游。前两项比赛的评分占总分的百分之八十，书法只占百分之二十，于是我拿下比赛第一也就顺理成章了。

一、课内名著阅读指导

班级课内名著的阅读指导应具备以下几个特征：

1. 形式多样

班级采用周末家校读书沙龙、名著大讲堂、名著影视欣赏、名著辩论赛、名著知识竞赛等多种形式，丰富学生的阅读体验。

班级定期组织周末家校读书沙龙，邀请家长携孩子参加，既强化了阅读氛围，又推动了家校共育。

班级首次家校读书会是初一上学期的《朝花夕拾》读书会。会议由语文教师主持，全体学生和家长参与，时间为周五晚上，地点为学校大会议室。教师提出关于《朝花夕拾》的各种问题，学生能答则答，答不上则由家长补充。现场气氛热烈。

这次活动带给教师的感受是：阅读教学若能抓住家长作为助教，就能事半功倍；阅读活动若能带动家庭读书的氛围，那么善莫大焉。这样一个读书会，让平时忙碌的家长可以专心引导孩子阅读和思考，这种氛围非常宝贵。家长不仅不觉得活动占用了他们的下班时间，反而认为这样的活动很有意义。一些久未读书的家长在活动中找回了当年读书的感觉，并分享了许多温暖的回忆。从部分家长的分享水平来看，他们的阅读水平甚至不亚于教师。活动的成功举办极大地鼓舞了教师继续举办家校读书会的热情。

这些读书会形式多样，既有答记者问式的，也有讲座式的，后来还发展出了"锵锵三人行"、在线研讨等形式。例如《西游记》读书会首次采用"锵锵三人行"的方式开展。我们邀请了一位饱读诗书的家长和一位喜欢钻研佛经和哲学的家长，加上语文教师，组成嘉宾阵容。从《西游记》的前世今生到衍生作品，从情节人物到主题架构，从正统研究到奇谈怪论，从普遍共识到争议观点，令学生大饱耳福，家长频频点赞。这次活动还吸引了学校的其他老师来旁听。

当然，要组织这样的活动，教师需有充分的准备和扎实的功底。有的书可能是嘉宾特别喜爱、反复精读研究的，有的嘉宾在其喜爱的领域里甚至是专家。如果教师对作品不熟悉，对相关研究文章不涉猎，就难以应对。

此外，这种周末阅读活动不能只是成年人的单向讲解，而应兼具沙龙和综艺的特点。教师既是活动的设计者，又是控场的主持人，还是讨论的参与者，例如整体思路的设计、具体问题的设置、难易程度的把控以及相关资料和娱乐节目的穿插，都需要教师精心策划，才能使活动成为精品。

这种活动有利于引导学生深化阅读理解，激发阅读中的思考。我们不必担心成年人的讨论学生听不懂，只要问题设计合理，学生就一定会有收获。而且，这种读书会活动本身就有开阔学生眼界、增长见识的作用，因此将读书会讨论的话题的难度和广度适当提高，让学生"跳一跳才能够得着"，效果更佳。

2. 众多嘉宾参与

班级课内名著阅读活动会邀请班级以外的嘉宾开展讲座或参与活动，以拓展阅读活动的宽度、提升阅读活动的层次。

班级曾先后邀请重庆市作家协会会员韩甫老师开展名著欣赏讲座、学校知名诗人程雨婷老师开展诗歌欣赏讲座、重庆二十九中的全国优秀班主任罗达公老师开展纪实文学欣赏的分享、渝中区 110 指挥中心的简亮主任开展阅读讲座。笔者作为渝中区作家协会会员，也为全班学生做过阅读讲座，此外，班级还多次邀请学校领导、同事及热心家长参与读书活动。

众多嘉宾的参与，为学生树立了榜样：既然有这么多人都喜欢阅读、探讨和分享阅读，我们也应该多阅读。嘉宾的参与不仅起到了言传身教的作用，还提升了讨论的质量，让学生真正接触到阅读的门道、趣味和有质量的思维，感受到不一样的阅读境界和阅读的精彩，从而进一步激发了阅读兴趣，带动了读书热潮。同时，学生在轻松的氛围中也开始关注和思考阅读问题，使阅读走向深入。

3. 注重资源整合

开展名著阅读时，教师会将名著发给学生，除此之外，还有多个课件及微课视频。若名著中有相关影视作品的，我就会安排播放。班级图书角还摆放了名著配套连环画。对于有难度的名著，还会配发研究性的文章，图表兼备，资料详尽。

二、课外名著阅读拓展

班级课内名著的阅读侧重阅读的深度，而课外名著的阅读侧重阅读的广度。

班级的课外名著阅读共推荐了 14 次，合计 89 本，平均每学期推荐 3 次（上下半学期和假期各 1 次，初三次数有所下降）。课外推荐名著的选择与推荐应遵循以下原则：

1. 与教材同步。教材出现哪位作家的作品，课外书单也会有相应的推荐。

2. 紧扣班级专题汇报课的内容主题。班级语文课最近在做哪些内容专题，就推荐相关书籍，使名著的阅读成为整个班级语文课程设计的组成部分。

▣ 班级各学期的课外阅读推荐书单

第一次：初一上前半学期

《雪国》

《追风筝的人》

《夏洛的网》

《明朝那些事（朱元璋卷）》

《东周列国故事新编》

第二次：初一上后半学期

《野性的呼唤》

《雅舍小品》

《史铁生自选集》

《战马》

《柳林风声》

《伊索寓言》

第三次：初一寒假

《白比姆黑耳朵》

《射雕英雄传》

《镜花缘》

《汤姆·索亚历险记》

《城南旧事》

《蔡志忠漫画》全集

第四次：初一下前半学期

《呼兰河传》

《我们仨》

《湘行散记》

《边城》

《猎人笔记》

《苏东坡传》（林语堂）

第五次：初一下后半学期

《人类群星闪耀时》

《我生活的故事》（海伦·凯勒）

《致加西亚的信》

《三体》

《亲爱的安德烈》

《名人传》

第六次：初一暑假

《顾城的诗》

《三国演义》

《林肯传》
《贾平凹散文选》
《爱的教育》
《狮城舌战》

第七次：初二上前半学期

《昆虫记》
《数理化通俗演义》
《居里夫人》（艾夫·居里）
《寂静的春天》（蕾切尔·卡逊）
《世说新语》
《基地》（艾萨克·阿西莫夫）

第八次：初二上后半学期

《汪曾祺散文》
《史记》
《茶馆》（老舍）
《红岩》
《雅舍小品》

第九次：初二寒假

《文化苦旅》
《迦陵谈诗》
《雾都孤儿》
《泰戈尔诗选》
《福尔摩斯探案全集》

第十次：初二下前半学期

《我的精神家园》
《苏菲的世界》
《平凡的世界》

《林清玄散文》

《浮生六记》

第十一次：初二下后半学期

《山居笔记》

《余光中精选集》

《无言之美》（朱光潜）

《悲惨世界》

《聊斋志异》

第十二次：初二暑假

《迦陵谈词》

《儒林外史》

《草房子》

《简·爱》

第十三次：初三上学期

《契诃夫短篇小说选》

《我是猫》（夏目漱石）

《格列佛游记》

《草叶集》

第十四次：初三下学期

《汤姆叔叔的小屋》

《围城》

《你还没有爱过》（张晓风）

《失明症漫记》

《烟愁》（琦君）

《活着》

《拿破仑传》

三、纪录片资源推荐与应用

纪录片也是班级课外阅读的组成部分，用经过筛选的高质量纪录片代替无聊、低俗的短视频，是笔者作为语文教师在为学生选择高质量的片源时必须做出的努力。经过前期遴选，选出了 29 部纪录片和讲座，一共超过 300 集。笔者坚持每天中午在班上播放，并贯穿整个初一和初二。

班级纪录片榜单应具备以下特征：

1. 必须是口碑上乘的精品纪录片（如《茶，一片树叶的故事》）。

2. 可以为语文教学服务（如《千年书法》）。

3. 可以为专题内容服务（如讲到课文《在长江源头格拉丹东》时播放《第三极》）。

4. 偏重文科素养（如《我从汉朝来》）。

5. 适当加入专家讲座。经过筛选，专家讲座的内容确保学生容易接受，如从《百家讲坛》《开讲了》中选择了二三十个讲座，有孔庆东谈金庸、叶嘉莹讲诗词等。

我在班级坚持播放纪录片，就像班级图书角或名著推荐一样，是对学生语文阅读的内容支持。只有让学生在触手可及的地方能获取优质的内容，才能让学生在这个充斥着游戏与短视频的时代，使阅读成为其生活的一部分。

第六章 班级习题课

一、语文作业优化实验

班级习题课是一个语文作业优化的实验。实验的核心任务就是让初中学生做尽量少的语文作业，同时获得较高的考试分数。

决定做这个实验源于以下背景：学校内卷加剧，学生作业量不断增加。2015—2016 学年，笔者在初三任教时，学生每天有 6~7 科作业，需要大约 5 个小时才能完成。动作慢的学生甚至需要 6~7 个小时。每天正课一般在下午 6 点结束，晚自习 21 点 20 分结束。一个做作业中等速度的学生如果傍晚 6 点半开始，通常要到 11 点半才能"完工"，这其中还不包括复习和洗漱的时间。如果该学生当天作业较多或速度较慢，则常常要做到半夜 12 点以后，甚至到凌晨一两点。在这种情况下，笔者意识到自己能做的只有减少语文学科的作业量，减轻学生负担，才可能让他们早点休息。

2016 年底，学校费春斌书记在全校教师中推介"五化教学法"，主张在对学生认知情况有充分了解的基础上，对习题和学生答案进行细致分析，从而达到让学生充分理解和掌握知识原理、培养思维能力的目的。这种思路对笔者后续的实验产生了重要影响。

此外，笔者还从前辈教师"精讲精练"的主张中得到启发，例如笔者的老校长王相群女士曾提到，她当年布置物理作业时，每天精选三道题，让学生精讲精练，取得了很好的效果。

经过前期准备，笔者于 2018 年 9 月开始了这项实验。当时任教的两个班在初三，并非实验的最佳时机。但笔者不愿再等一年，于是决定立即开始。

实验的具体做法如下：不再以教辅上的课程为单位布置作业，即不再每天布置半节课或一节课的作业，而是每天只布置一两道题。这一两道题的选择有讲究，即把教辅上的所有题目按题型划分，一周内每天只布置同一题型的一两道题。

笔者整合了几本教辅，为学生制作答题指南，帮助学生根据指南选择正确的答题模式，考前还能将其用于复习。

一般一周讲评、处理完一个题型，下一周再换另一个题型进行布置。

为了掌握学生答题的情况，批改完每一道题后，笔者都做了详细的登记，包括这道题有多少学生得分不达标、出现了哪些错误、错误原因及解决方法等。

这一年的实验效果不算特别好。笔者教的两个班中，一个班偏文科，最后期末考得很好，在年级名列前茅；另一个班偏理科，在初三上学期期末考试中成绩不佳，直到初三下学期才取得了不错的成绩。

复盘时，笔者意识到实验不应从初三开始，这样对学生和老师来说都太仓促了。实验应从初一时就开展起来，这会让学生更熟悉、掌握知识的程度更牢固。而且，这次实验中积累的资料（如易错题记录和分析、答题指南等）仍有后续使用的价值。这些都为笔者在下一届学生中继续开展实验打下了基础。

接下来，笔者在正式的实验班级中进一步完善了设计，如在班级入学前就整理出以下两套资料。

1. 《班级语文练习》

由于每天只做一两道题，习题的选择必须精准。这本《练习》是针对每天布置一两道题的策略专门制作的。根据从上一届学生作业采集到的数据，遴选出最易错、最典型的习题汇集成册，错得少的题则不会收录。

实践证明，师生双方对这本《练习》都很认可，学生可通过这些精选的题目更高效地掌握答题要领，同时减少了作业负担。教师对习题也非常熟悉，布置作业前已了解学生可能出现的错误类型及应对方法，有利于实现精讲精练。

2. 《班级语文错题本》

名为错题本，实则是集解题方法、常见错误分析、考试改错本于一身的工具书。它是在原答题指南基础上改编而成的。《班级语文错题本》分为上下册，上册包含试卷基础部分和记叙文阅读的易错题型，下册包含说明文和议论文的易错题型。

每本错题本按板块划分出数十个题型，每个题型列出答题模式、常用方法及相关知识，还有搜集整理的常见错误类型及分析。部分题型附有典型例题和答案，每个题型后都预留了试题改错页。

《班级语文错题本》是学生完成作业前的答题指南、学生完成作业后听教师讲评时的题型笔记本、学生考前复习的重要资料、学生考后改错的改错本。

学生在每次考试后，将试卷错误按题型改到错题本相应的改错页，并写明错误分析。这些总结成为学生复习的宝贵资料。因此，《班级语文错题本》是学生掌握易错题型的"一本通"，是班级学生学习语文答题技巧的重要工具书。

除了编印这两本资料，笔者还在新一届班级中将每周处理题型的时间和流程标准化，以帮助学生熟悉和掌握教师的操作。具体流程如下：周一，教师发布本周练习题型，学生阅读错题本相关内容；周一至周三，学生每天完成《班级语文练习》上的一至两道本题型练习；周四，教师讲评，学生勾画错题本并添加笔记；周四至周五，学生完成教师讲评后的巩固练习。

学生在适应了这种规范化操作一年后，习题得分效率不断提升。班级的语文成绩一直稳定在年级前三名之内，在全区名列前茅。

班级的习题课经验也沿用到了下一届。2022 年 9 月，笔者到初三年级另一个班接任语文教师。该班在初二期末语文考试中处于同类班级靠后的位置。学生在学习语文的态度、习惯、能力方面整体水平不高，且几个月后即将面临选拔性调研考试，留给教师调整的时间有限。因此，笔者放弃增加学生积累的要求，集中精力端正学生学习态度、培养解题思维。再度印发错题本，每周抓一个题型，同时加强对学生记背的要求，相当于将上述实验做了极简化的处理。最终，在接手后 6 个多月的调研考试中，该班语文取得年级中游成绩，完成任务，再次验证了实验的效果。

二、习题课典型易错题型解析

题型 **1**　记叙类文本　概括内容 ————————————————●

☑ **代表题目**

1. 这篇文章讲了一个怎样的故事?

2. 文中的第5～8段记叙了哪些内容?

3. 简要概括这篇小说的主要情节。

4. 根据文章内容,在表格中填入对应的情节概要。

5. 在横线上填写相应的短语,将文章的情节补充完整。

☑ **常见答题模式**

答案的基本句式:谁干了什么事。

扩展:谁在何时何地＋什么情况下＋做了何事＋结果如何。

例题 1

长在岩石下面的小花
马付才

①初二那年,我从家中那台十四英寸的黑白电视机中,看到了一幢幢高耸的大楼直插云霄,一座座盘旋的立交桥雄伟壮观,一辆接一辆的小汽车井然有序地穿梭不停,大街上的霓虹灯闪着诱人的光彩,商场里琳琅满目的商品让人眼花缭乱。

②我目瞪口呆,原来城市是这样的美好啊!

③年少的我由此陷入了深深的忧伤。

④第二天,我质问父亲:"你怎么不是城里人呢?"我想,父亲如果是城里人该有多好,那我也就是城里人了。

⑤暑假,几名城里的大学生到我们这座大山里写生,他们背着画夹,戴着太阳帽,洋气十足。其中有一个叫黄春草的女孩儿,就借住在我家。

⑥有一天早上，为了画日出，天刚蒙蒙亮她就起床了。我缠着要看她画画，就和她一起去了。我们一起登上了山顶，太阳升起来了，红彤彤的，将云彩映照得格外艳丽。黄春草支起画夹，神情专注地画着。等她画完画，我们就坐在一块石头上聊天。我说："我真羡慕你，生活在大城市里，享受着富足的生活和良好的教育，像我这样活着实在没有一点儿意思。"可她却说："不要把别人的生活想得太美好，小小年纪不要如此多愁善感。我给你讲一个故事吧。"

⑦于是她讲道："在一座大山深处，有一个小女孩儿，十岁那年，母亲病逝；十二岁那年，父亲抬木头时被砸伤，从此干不了体力活儿。她每天背着个破布包，跑步去六公里外的学校上学。放学后，她还得割猪草，像男人一样在腰上缠根绳子，下到悬崖下面挖药材，挣点钱补贴家用和交学杂费。后来她考上了大学，她一共贷了八千多元的助学贷款……"

⑧我想不到这个世界上还有比我更不幸的人，我以为她在给我编故事，黄春草却说这个女孩儿就是她。

⑨我惊讶地看着黄春草，她的脸上非常平静。我想，比起黄春草，我幸运多了，最起码，我还有爱我的爸爸和妈妈。

⑩黄春草的手指向远处，顺着她手指的方向，我惊讶地发现，一朵不知名的小花竟然生长在一块伸出的岩石下面。那块岩石像伸出的房檐一样，严严实实地遮挡住了阳光，但是小花竟然绽放了。她说："阳光虽然没能直接照射到小花身上，但小花心里已感受到了阳光的存在，哪怕是一点点余光。"

⑪是呀，我们不能选择自己出生的时间和地点，但我们可以选择顽强，在艰苦的环境中一样能够茁壮成长，就像那朵长在岩石下面的小花。

本文讲述了一个怎样的故事？请用简洁的语言加以概括。（不超过50字）（4分）

答案：生活在大山里、羡慕城里人生活的我，听了黄春草在逆境中奋斗的经历后认识到，只有选择顽强，才能茁壮成长。

分析学生错例

错例 1：本文体现了我们在艰苦的环境中可以选择顽强，一样能够茁壮成长的道理，表达了我对黄春草的敬佩和赞美。

错误分析：审题不仔细，把概括主要内容看成了归纳中心思想。

错例 2：我从电视中看到了城市生活的美好，一直想做个城市人，也埋怨父亲没有把我生在城市。后来几名城里的大学生到我们这里写生，我以为其中的黄春草家庭条件很好，不料她比我更不幸。黄春草指给我看长在岩石下面的小花，告诉我，我们不能选择自己出生的时间和地点，但我们可以选择顽强。

错误分析：审题不仔细，没看到字数要求，超过了规定的字数。

错例 3：羡慕城里的人，听黄春草讲了她的不幸故事，她的脸上非常平静。顺着她手指的方向，我惊讶地发现，岩石下面也可以绽放出不知名的小花。

错误分析：没有理解题目中"概括"这个要求的含义，这里的"概括"可以理解成"浓缩"，就是对文章进行概要叙述。既然是概述，那么出现诸如"她脸上非常平静、我惊讶地发现"等细节描写是不恰当。

错例 4：岩石下有朵顽强、茁壮生长的小花，就像遭遇不幸的黄春草，一如生活在大山里的我。

错误分析：不能记住答题模式，没有按照"谁做了什么事"的模式答题。

错例 5：我听了黄春草的故事，接受了选择顽强、茁壮成长的道理。

错误分析：回答没有概括全文的内容，同时答得过于简单，很难达到四个给分点的要求。答题和检查的认真程度都有问题。

错例 6：我以为城里大学生黄草春一定比我幸福，没想到她父母双亡，比我不幸。我决对要调整心态，顽强成长。

错误分析：大学生不叫黄草春，她的父母也没有双亡，"决对"估计是想写"决定"。这属于做完不检查、错漏比较多的答案。

错例 7：我认为城里人生活一定很幸福，所以城里来的大学生黄春草一定比我幸福，没想到她比我还不幸福。我以为她在编故事，结果她没有，于是我相信了她，发现自己是幸福的。也接受了她的观点，要顽强地活着。

错误分析：语言重复，抓不住要点。

解题建议

1. 先快速浏览全文，再审读题目，然后带着对题目的印象再重读一遍。

2. 第一次审读题目的时候，就应勾画出题目的每一项要求，避免遗漏。（比如上面这道题，勾画的要求是：怎样的故事、简洁概括、不超过50 字）

3. 明确题型，回顾本类题型的回答模式，建立起思维链接。（本题的题型是记叙类文本概括内容，答题模式在前面可以找到）

4. 简要地给文章分段，这样有利于整体把握文章的结构。如果分段有困难，也可以给每个主要段落写个小标题，用小提纲的方式帮助观察文章结构。小标题不用长，写成自己能理解的关键词就可以。整个分段过程最好在一两分钟内完成。（这篇文章就可以按照"我的情况、听黄春草讲故事、最后的启示"分成三个部分）

5. 勾画出文中可能组成答案的重要句子或者短语（城里人、我们这座大山、讲一个故事、选择顽强、茁壮成长）。如果回答能直接用原文当然很好，如果原文太长，也可以尝试使用原文的部分短语或词语。实在找不到合适的原文时再自己归纳。

6. 观察题目的分值，分值常常会暗示本题有几个给分点，也提示要把回答分成几个部分。（本题四分，评分要求大约有四处）应该找一找，自己的回答是否能满足四个给分点。

7. 答完题目后一定要检查自己的答案，比如有没有错字病句，是否符合题目要求，有没有答案不全面或者不完善等问题。

例题2

雪地烤红薯
周海亮

①男人缩在高中校园门口，守着一个烤红薯的老式烤炉。他不断地把烤熟的红薯挑出来，把没烤的红薯放进去，十几个红薯，让他手忙脚乱。第一次做这种营生，男人的心里有点慌。

②天空飘着雪花，男人的头顶和肩膀上落着薄薄一层雪。正是放学的时候，走读的学生赶着回家，住校的学生赶着回宿舍，所有人都在雪中匆匆而过。男人把一个烤得最成功的红薯托在手里，嘴张着，却并不吆喝。

③有人停下来，看他的红薯。他立刻打起精神，从旁边操起小秤。他挑了两个最大的红薯放进秤盘，扯起提绳，啪的一声，两个红薯紧跟着掉在雪地上。男人急忙再从烤炉里取出两个红薯，那个学生却早已经走远了。

④整个下午他都没有卖掉一个烤红薯，这让他很伤心。现在，除了他，谁还把烤红薯当成好东西？儿子考上重点高中的那一天，闹着要去吃洋快餐。儿子点了一份薯条，端上来的东西又黄又瘦，蜷缩扭曲着，他不知为何物。尝一个，才知不过是炸过的土豆条罢了。他说："这能比得上烤红薯？"儿子边笑边喝着可乐。可乐他也尝了尝，不好喝，麻舌头。他想，烤红薯多好啊，剥了皮，又香又甜，含在嘴里，不用嚼，直接化成蜜淌下去，如果再配一大碗玉米糁子和一碟腌萝卜条，那滋味，真是给个皇帝也不换啊！

⑤他重新把小秤放到身边，扭过头，眼睛盯住校门。这时，有几个学生说笑打闹着，走了出来。男人眼睛一亮，清清嗓子，喊了起来："卖烤红薯啰！"嗓音很小，又哑又沙，像被砂纸打磨过。声音吸引了这几个学生的目光，然而他们只是投来极为漠然的一瞥，又转过脸继续说笑。

⑥于是，男人又提高嗓门吆喝："烤红薯白送啰！"这时，一个长脖子少年停下来，并转身朝男人走来。边上的平头少年拽了拽他的胳

腴，可是没能将他拉住。长脖子少年走到男人面前，问道："烤红薯白送？"

⑦男人憨笑着挑出四个红薯，边挑边问长脖子少年："你们宿舍几个人？"长脖子少年说："四个。"男人接着问："那个和你一起走的留平头的也是？"长脖子少年说："不错。"男人说："那就给你们多带几个吧！"于是又挑了四个。他把八个烤红薯分装进两个袋子，递给长脖子少年。

⑧天渐渐黑下来。男人看了看天空，雪越下越大，地上铺了厚厚的一层，男人仍然没有卖掉一个烤红薯。他推起三轮车，慢慢往回走。他在一个街角停下来，就着昏黄的路灯，从炉里掏出一个焦糊的烤红薯。他仔细地剥掉皮，慢慢地吃起来。他不声不响地吃掉一个，又掏出第二个，他一口气吃掉八个烤红薯，那是烤炉里剩下的全部烤红薯。吃到最后，他不再剥皮，将烤红薯从烤炉里取出来，直接塞进嘴巴。男人想，自己的嘴唇肯定被烫出了水泡，因为现在，那里钻心地痛……

⑨长脖子少年回到宿舍，将两袋烤红薯随手放在床头柜上。谁对烤红薯都没有兴趣，即使是白送，他们也不想吃上一口。终于，快熄灯的时候，留平头的少年打开了一个袋子，取出一个烤红薯，托在手里，细细端详。长脖子少年提醒他说："都烤糊了。"平头少年低头不理他，闭起眼睛嗅那个烤红薯。电灯恰在这时熄灭，平头少年在黑暗来临的瞬间，将那个已经冰凉的烤红薯凑近嘴巴，狠狠地咬了一口。他没有剥皮，感觉到了烤红薯的微涩与甘甜。

⑩长脖子少年突然说："你和卖烤红薯的那个人长得很像。"

⑪黑暗里，平头少年偷偷流下了一滴眼泪。

根据文中男人的行为，完成下面的填空。（4分）

（　　　　　　　　）→打起精神称红薯→（　　　　　　　　）→不声不响吃红薯

答案： 手忙脚乱烤红薯→打起精神称红薯→高声吆喝卖红薯→不声不响吃红薯

📋 分析学生错例

错例 1：男人缩在校园门口守着烤炉　男人见学生不买红薯，决定白送

错例 2：学生放学　吆喝之后送出红薯

错误分析：没有观察到已经给出的两个内容示例有形式上的要求。比如字数都是七个字，前面是个四字短语，后三个字是个动宾结构，而且都以红薯二字收尾。

错例 3：接连不断挑红薯（第一处）

错例 4：校园门口卖红薯（第一处）

错误分析：这两个错例都是概括不准确。其中错例 3 只看到第 1 段有"挑出来"的字样就照抄下来，没有注意到男人在这段时间干的事情整体叫烤红薯，而不只是挑选。错例 4 没有仔细观察文本，有点儿凭着印象答题，以为在校门口摆摊就是在卖。其实第 5 段才真正在卖，第 1 段主要是在烤红薯。

错例 5：校园门口等放学　平头原来是儿子

错误分析：填在第二个空格里的回答除了有前面已经分析过的形式方面的问题，还有一个顺序方面的问题。既然最后一个小标题的"答案"是发生在第 9 段的"不声不响吃红薯"，那么在它之前的小标题答案就不可能是第 10 段、第 11 段才揭晓的身份谜底。

⚙️ 解题建议

1. 补充文章情节是概括文章内容的一个题型变式，可以看成是一个把握全文"局部"内容的版本。做这种题还是需要给文章先分段，利用小提纲概括出文章的整体结构。

2. 应该通过比对题目中已经给出的内容，锁定待填内容涉及的段落区域。（比对原文与题目可知，称红薯是第 3 段，吃红薯是第 9 段）

3. 锁定段落区域后概括内容并不是任务的全部，还要观察已经给出

的示例的句式特征，并在回答时注意模仿。

4. 补充情节题在观察示例的时候，常常可以从以下角度得到信息：从顺序上看，有没有按照时间或地点划分情节；从内容上看，有没有偏重事件或情感；从角度上看，有没有确定人称或叙述角度；从形式上看，有没有规定字数、词性、短语结构或句式等。

题型 ❷ 记叙类文本 把握中心 ————————————●

☑ **代表题目**

1. 本文的主旨是什么？请简要概括。

2. 这个故事表达了怎样的主题？

3. 这篇文章让你明白了什么道理？

4. 作者对文中人物持有怎样的情感态度？

☑ **常见答题模式**

答案基本模式：主要内容＋表达主题＋作者的情感态度。

示例：

本文记叙（描写/刻画）了……的故事（景物/形象），表达（反映/歌颂/揭露）了……的思想（道理/性格/精神），抒发了作者……的感情。

例题

海边荒石

高立群

有一年夏天，在青岛崂山附近一处无名的海滩，我第一次被石头的美丽所震慑：它们密密麻麻铺满海滩，浸润在阳光下微微动荡的海水里，一直延伸到大海深处。

水光中轮转着石头们含蓄而神秘的色彩，有的莹绿如玉，有的深红似霞，有的暗黄如湿金，有的粉白如冰雪。它们多得数不清，坦坦荡荡气度不凡地占据了海滩，简直像一座散发着灵异之光的宝藏，拦截了我眺望大海的目光。

我深深地被诱惑了，赤足涉入清澈的水中。左一块右一块，犹如贪婪的盗墓者，我挑着拣着。手里捧不下了，我就把第一批收获排放在岸边，转身又去掏摸。它们的美勾起了我的占有欲，我决心要带一批石头回去。

那些海水中的石头，几乎每一块都有独特的形状和花纹，点点滴滴，丝丝缕缕。俯身其中，令人沉醉。

不知过了多久，我捧着又一批宝贝回到岸上，眼前的景象令我大吃一惊。我手中的美石噼噼啪啪落下去，险些砸痛自己的脚。

那些"首批中选"的石头呢？它们怎么都消失了？我只迷惑了两秒钟，就发现它们依然呆在原处，只是，岸上的石头不再美丽。我看见一些普通的石头别扭地排成整齐的一列，灰头灰脑，怪模怪样。有的带点儿灰乎乎的红或者绿，有的干脆灰不溜秋或色如沙土。我不敢相信它们就是令我一见倾心的宝贝。呆视之间，我脑中竟跳出那样一个字眼：死亡。

比起海中的美态，这些石头分明全死了。死去的原因，只是因为来了我——一个倾慕者，对之爱不释手，想把它们带回家去，占为己有。就是这种小小的贪婪，无可厚非的欲望，令它们离开长久熟稔而亲密的海水，孤独地承受夏天的烈日，而奇妙的大自然，早已让它们与大海之间此呼彼应，难舍难分。面对倾心或喜爱的东西，我们多么容易犯傻。

我把石头放回海中。在海滩上盘桓良久，我竟想到一个时空远隔的人——"昆虫之父"法布尔。这个一生在清贫中与虫交谈的人，在晚年得到一小片废墟。"一块偏僻的不毛之地，被太阳烤得滚烫。但却是刺菊科植物和膜翅目昆虫的好去处。"法布尔把它称作"钟情宝地"。与有些昆虫学家不同的是，别人剖开虫的肚子，把它们制成标本，他却是活着研究它们，"在蓝天之下，听着蝉鸣音乐从事观察"。法布尔把这块"宝地"命名为"荒石园"，听来凄冷，但荒石园的故事却充满了尊重和温暖的感情，每块石头、每只虫子，都有自己的地方，自然自在，各得其所。

比照我们习惯的一些方式，这才是真正令人起敬的爱。

这篇文章的主旨（中心思想）是什么？试作简要概括。（4分）

> 答案：本文通过记述作者从海边中拣出石头，发现石头失去生机（1分），进而联想到法布尔荒石园的经历（1分），启示人们每一种事物都有自己适合存在的环境和方式（1分），只有尊重欣赏它们，它们才能美丽（1分）。

分析学生错例

错例1：本文记述了我在海边捡石头的经历和感悟。

错误分析：只概括了文章的主要内容，没有概括中心思想。

错例2：本文阐述了要尊重其他生命的生活方式，那才是最好的相处之道的道理。

错误分析：只概括了文章的中心思想，没有概括主要内容。归纳中心思想应该包含内容和思想两部分。

错例3：本文以作者在夏天捡石头为例，启示人们每一种事物都有自己适合存在的环境和方式。

错误分析：主要内容概括不全，没有提到文章末尾法布尔的部分。

错例4：作者在一处无名的海滩被好看的石头所吸引，作者很爱它们，想把它们带回家。然而上岸后石头失去了海中的美，变得与普通石头没有区别。他明白了是因为自己的占为己有，才让它们死去。而且作者还联想到了法布尔……

错误分析：概括的时候不适合保留细节的描写，比如"无名的""作者很爱它们"等，"石头失去了美"和"与普通石头没有区别"也重复了。

错例5：对于喜爱的事物应该顺其自然。

错误分析：观察分值，这样简单的表述根本无法得4分。

错例6：面对倾心或喜爱的东西，要学会去爱护它而不是占有它/要给喜爱的事物自由，不能将它占为己有/爱是充满尊重而不是占有/对于喜爱的东西，我们会控制不住地想得到。

错例7：对于一件事物的爱不能贪婪，要尊重它的习惯/对贪求利益的小人的批判。

错例8：体现了作者对自然美的倾慕和喜爱/倡导人们要尊重自然，

保护生态，与自然和谐共生/表达了向往自由、向往自然的期待。

错误分析：这几个错例都是同一类问题，即没有抓住文章的核心意思，只是根据文中的某一句话而断章取义。实际上，如果归纳一下文章各部分的意思，写写小提纲，就不会得出这样片面的结论。如果文章仅是主张不要占有，那写法布尔有何意义？如果文章仅是主张向往自然，那写前半段的石头"死去"有何价值？

除了要学会先概括文章各部分的意思再整合，还要学会抓住关键性语句，比如总起句、总结句以及议论或抒情的句子。比如这篇文章倒数第二段段末的议论中，就出现了"尊重""都有自己的地方"等词句，是归纳中心思想的关键。

另外对归纳好的中心思想要检查，要对照原文推敲。比如有学生认为文章的中心思想是批评贪婪，其实原文说自己"小小的贪婪"是"无可厚非的"，显然批判贪婪不是文章的写作目的。

错例9：每个事物都有自己的舒适区，如果贪婪地带走它们，什么也得不到。

错例10：告诉我们经常表达爱的方式或许不是那么好、不是那么令人起敬。

错例11：做事不要犯傻，要像海边荒石一样，有不确定性。

错误分析：错例9、10、11都存在词不达意的情况。在此再度强调答完题后要检查和推敲自己的答案。言为心声，这些回答也体现了答题者认识水平的局限，建议平时多阅读和发问，以提高答题水平。如错例9中的"舒适区"一词，指的是一个人习惯性的行为模式，人会在这种模式中感到舒适，与"各有各的存在方式"是有区别的，答题者对这一词语理解有误。错例10的答案根本不像是个结论。而针对错例11的答案需要提出的是，除了文章的话题不是讲犯傻以外，还有一点儿要注意——很多学生每当写不好作文或不会答题时，就谈事物有不确定性。实际上，99％的阅读文章都不会谈不确定性，而且没有哲学思想基础的学生写主题为不确定性的作文往往也不会有价值，因为多半写出来的作文只会提及现象，讲不出其中蕴含的道理。

错例 12：每种事物只能在特定或习惯的区域才能发光发热。

错误分析：注意文章的表述角度，谈的是我们应该以怎样的方式对待各种事物，而不是从各种事物要怎样才能活好的角度表述，答题的角度也应该忠实于文本。

解题建议

1. 上一题型中提到的"读文章、审题、明确题型、分段、勾画重点句、根据分值答题、答完检查"的阅读模式需要继续落实，使其成为做所有阅读题的习惯。

2. 注意观察文章标题。一些文章的标题能概括文章的主要内容，另一些文章的标题能够直接揭示文章的中心或者含蓄地体现文章的主旨。

3. 注意文章的开头和结尾。有的文章会在开篇就点明或揭示中心，更多的文章会在结尾点明主题、深化中心。因此文章要揭示的道理或抒发的感情常在开头和结尾处有所体现（比如本文的结尾）。

4. 抓住文中关键的议论句、抒情句。作者的观点、认识和情感常常通过议论和抒情的表达方式体现出来，抓住这些句子会很快弄清文章的主题。（比如本文倒数第二段的"尊重和温暖的感情"和"都有自己的地方"）

5. 概括人物或事件。在写人的记叙文中，人物的性格品质往往就是文章的中心。在叙事的记叙文中，事件的社会意义常常就是文章的中心。

6. 合并各段段意。如果上述方法都还没有让你总结出中心，有时候我们需要概括各段的段意，再把意思相关的段意合并到一起去理解。

7. 注意联系文章的背景。文中人物生活的时代环境、事件发生的社会背景以及作者的人生经历、时代特征、思想状况、创作意图等也会影响文章的主题和中心（尤其是小说）。

8. 用在中心思想前的常见词语举例：表达、表现、反映、揭示、寄托、启示、抒发、赞美、歌颂、揭露、批判、讽刺。

题型❸ 记叙类文本 情感变化 ─────────────●

☑ **代表题目**

1. 文段表达了作者怎样的思想感情？

2. 作者对文中的人物持有怎样的情感？

3. 加横线的句子表达了作者怎样的思想感情？

4. 请用文中的词语，把"我"的心理变化补充完整。

☑ **常见答题模式**

答案的基本模式：文中……（什么内容）表达了作者对……（什么方面）的……（什么感情）。

例题

信 天 游

刘成章

①信天游这个名字，如明月流水，如仙界的风，即使把它放到全世界数千年来所有的艺术品类之中，也称得上奇美浪漫。

②透过渺远和苍凉，是一眼望不尽的峁梁连绵，沟壑纵横。这边山头犁铧翻着土浪，羊肚子手巾扎在头上，扶犁者汗湿衣褂；那边沟里扁担一闪一闪，小脚片踩出花似的踪迹，挑水者是个十三四岁的小女女。扶犁汉子也许觉得今天特别口渴，便朝沟里喊去："哎——凤儿！晌午送饭，别忘了给我多舀半罐子米汤！哎——洋芋丝丝也拿上一点！"小女女便转脸应声："哎——舅舅！我听下啦！"他们必须扯长声儿，不然，对方就难以听清，而他们觉得需要排遣寂寞无聊的时候，便以更高亢、更悠扬的嗓音唱了起来——这就是与中原文化迥异的信天游了。祖祖辈辈，年年岁岁，信天游唱在放羊的山坡上，唱在赶脚的大路上，唱在锄地的五谷间。一处处都是宏阔的舞台，一声声都如云霞之辞。

③小时候的我被母亲牵着稚嫩的手，走在延河畔上。突然，好像从那

云缝中，猛乍乍地淌出一股飘逸的光，瑰丽迷人。那是我平生所听见的第一支信天游：

> 你妈妈打你你给哥哥说，
> 为什么你要把洋烟喝？
> 我妈妈打我我不成材，
> 露水地里穿红鞋。

这样土气，这样简单，却这样富于艺术魅力的两句信天游，一经入耳，便入骨，便入髓，我此生便再怎么也忘不了了。

④上初中后，因为爱上了文学，我被信天游迷得死去活来。我买了一本何其芳、张松如二人主编的《陕北民歌选》，又念歌词又唱曲谱。书上那"上畔畔的葫芦"，那"清水水玻璃"，那"双扇扇门来单扇扇开"，虽然都是我熟悉的事物，但还是给我开启了一个诗意的世界，令我神往。

⑤有一天我登上了一个山顶，突然有一支嗓音浑厚的信天游响在我的耳畔。我看见，唱歌的是个放羊老汉。他唱得实在太美了，但我写作文时竟不知该如何描述。我那时候望着那苍茫辽阔、连绵起伏的黄土高原，听着这支信天游，实在分不清信天游是脱胎于它，还是它有几分信天游的影子。后来我曾经暗暗地想，假使信天游可以像天下万物似的有形有色，而且其形色永不糟朽，那么，整个陕北高原的天空，一代代的累积，它每寸蓝天每寸云彩都会缀满音符和文字的晶亮钻石。

⑥1956 年，我还是个高一学生。在延安举行的五省（区）青年造林大会上，我见到了 31 岁的诗人贺敬之。之后不久，一首信天游形式的作品横空出世，那就是他的《回延安》。它让我爱不释手。诗中经典名句"几回回梦里回延安，双手搂定宝塔山"，既有信天游的质朴语言和韵味，又充溢着李白一样的浪漫诗思。

⑦我是一路苦恋着信天游走进中年时代的。不知不觉间，我收集购买的信天游和陕北民歌，以及与之相近的爬山歌、山西民歌的资料和书籍，无法尽数。把它们堆在一起，竟有十几斤重了。忽有一日，省上组织了个创作班子，拿着初步改编下的五首陕北革命民歌来到延安，一边修改一边征求意见。好像是一个上午吧，我们延安文工团创作组一行数人，被召去开会。经过初步改编的陕北民歌，如久埋土中的明珠出土、如重开的牡

丹，闪耀在人们面前。为了新写一首中央红军初来陕北的歌子，我在带来的那堆书里翻找，找见了让人眼睛为之一亮的两句："山丹丹开花红满了山，中央来了大发展。"我好不高兴！天色入暮，我把它交给我团的老作曲家航海。不久之后，一首深受人们喜爱的信天游歌曲《山丹丹开花红艳艳》，与其他几首民歌一起，震响在全国的广播喇叭之中。

⑧我自己当然也写过信天游歌曲。那一年，我以上下两句原生态的信天游为动机，与作曲家王建民合作，创作了一首完全是信天游味道的歌曲，里面每节都有"圪梁梁"三字回旋萦绕，便名之为《圪梁梁》。我还与他合作过一首以信天游为基调的女声独唱《崖畔上酸枣红艳艳》。当陕北的山水间飘荡着这两首歌的时候，我整个身心便油然生出一种归属感。

⑨大约在十多年之前，我曾忧心，那曾经像野草一样一个劲地往出钻的信天游歌手，在陕北这片可爱的黄土地上，怎么忽然间变得稀缺起来了！可幸好是我的感觉有些偏差。完全在不经意间，我终于发现信天游歌手就像春雨过后的山丹丹，开得好红好红，这山是，那山也是。那一年回延安，一下火车，便有小青年们一边出车站，一边放开嗓门，高唱着一声声的信天游。他们大概一看见宝塔山，嗓子就痒痒了。他们对着延安群山环抱着的空旷夜空，就像虎归深山鱼归海，便任情任性起来。

⑩啊，陕北，生我养我的这片厚土啊，我愿像这信天游一样地高高飞起，化作装饰你的夜空的月晕，绕着月亮转。（有删改）

【注】①峁（mǎo），我国西北地区称顶部浑圆、斜坡较陡的黄土小丘。②犁铧（huá）：翻地的农具。③圪：念作 gē。

文章第⑨段画线句子"完全在不经意间，我终于发现信天游歌手就像春雨过后的山丹丹，开得好红好红，这山是，那山也是"一句，表达了"我"怎样的思想感情？（2分）

答案：表达了"我"对信天游得以传承，能够发扬光大的欣喜、兴奋之情。

分析学生错例

错例1：表达了作者对故乡的怀念。

错例2：表达了作者对小时候的怀念。

错误分析：文章从题目到内容都指向信天游，讲述了自己接触与创作信天游的渊源故事，因此情感表达的对象是信天游，而不是家乡、童年。

错例3：作者觉得年轻人在公共场合大声唱歌过于任性，我们不该任性。

错误分析：作者从文章一开始就赞美信天游，深情怀念信天游，又在第⑨段的开头担忧信天游歌手的稀缺，那么看到有年轻人唱信天游，他肯定是高兴的。不应该断章取义地理解为批评年轻人任性。

错例4：作者喜欢年轻人唱信天游。

错误分析：就题目这一句话而言，作者肯定是喜欢年轻人唱信天游的，可是联系上文可以得知，作者关注的是信天游的生存与传承，不只是眼前几个年轻人唱不唱信天游。因此不要局限在眼前的句段答题，要联系上下文，联系全篇的主旨。

错例5：作者表达了对信天游的热爱。

错误分析：这个回答的错误和上个错例刚好相反，只考虑了全文表达的情感，却没落实到具体的句段，没有谈到信天游传承的问题。

错例6：作者相信信天游能够传播下去。

错误分析：问题问的是表达了什么情感而不是什么主张。情感是一种态度、体验，不要把思想、主张当成情感来答。

解题建议

1. 把握文章的情感可以通过抓住文中的一些关键词句来获取。从位置上看，像题目、总起句、总结句以及一些段首和段末的句子；从表达方式上看，注意文中抒情和议论的句子（本文的第一段和最后一段都流露出相似的情感）。

2. 要根据文章的主旨来判断作者的情感态度。有时候能根据文章的线索判断文章的情感指向，有时候还能在文中找到含义深刻的表达作者意旨的中心句（这篇文章全文都围绕着一个话题展开论述，表达的情感也应该指向这个话题）。

3. 文章所用词语的感情色彩往往也体现了作者或人物的情感态度。

4. 从文章对人物或景物的描写中也常常渗透了作者的情感。有的文章里作者用大量的笔墨描写一个对象，因此也就流露出对这个对象的重视。

5. 分析某个段落或句子表现的情感时，注意不仅要顾及全文的情感基调，也要联系句段谈全文的主旨。

6. 为了防止孤立、割裂地理解一个句子所表达的情感，在做每一道分析句段情感的题目时，都要观察这个句段的上下文，这是必须养成的习惯。

7. 有时候文章和句段包含多种情感，因此答题的时候不要答到一种情况就"收工"，要争取"穷举"以提高得分率。

例题 2

笔下犹能有花开
肖复兴

①秋末冬初，天坛里那排白色的藤萝架，上边的叶子已经落得差不多了。想起春末，一架紫藤花盛开，在风中像翩翩飞舞的紫蝴蝶——还是季节厉害，很快就将人和花雕塑成另外一种模样。

②没事的时候，我爱到这里来画画。这里人来人往，坐在藤萝架下，以静观动，能看到不同的人，想象着他们不同的性情和人生。我画画不入流，属于自娱自乐，拿的是一本旧杂志和一支破毛笔，倒也可以随心所欲、笔随意驰。

③那天，我看到我的斜对面坐着一位老太太，个子很高，体量很壮，

头戴一顶棒球帽，还是歪戴着，很俏皮的样子。她穿着一件男士西装，不大合身，有点儿肥大。我猜想那帽子肯定是孩子淘汰下来的，西装不是孩子的，就是她家老头儿穿剩下的。老人一般都会这样节省、将就。她身前放着一辆婴儿车，车的样式，得是几十年前的了，或许还是她初当奶奶或姥姥时推过的婴儿车呢。如今的婴儿车已经"废物利用"，变成了她行走的拐杖。车上面放着一个水杯，还有一块厚厚的棉垫，大概是她在天坛里遛弯儿，如果累了，就拿它当坐垫吧。

④老太太长得很精神，眉眼俊朗，我们相对藤萝架，只有几步距离，彼此看得很清楚。我注意观察她，她也时不时地瞄我两眼。我不懂那目光里包含什么意思，是好奇？是不屑？还是不以为然？正是中午时分，太阳很暖，透过藤萝残存的叶子，斑斑点点洒落在老太太身上，老太太垂下脑袋，不知在想什么，也没准儿是打瞌睡呢。

⑤我画完了老太太的一幅速写像，站起来走，路过她身边时，老太太抬起头问了我一句："刚才是不是在画我呢？"我像小孩爬上树偷摘枣吃，刚下得树来要走，看见树的主人站在树底下等着我那样，有些束手就擒的感觉。我很尴尬，赶紧坦白："是画您呢。"然后打开旧杂志递给她看，等待她的评判。她扫了一眼画，便把杂志还给我，没有说一句我画的她到底像还是不像，只说了句："我也会画画。"这话说得有点儿孩子气，有点儿不服气，特别像小时候体育课上跳高或跳远，我跳过去了或跳出来的那个高度或远度，另一个同学歪着脑袋说："我也能跳。"

⑥我赶紧把那本旧杂志递给她，对她说："您给我画一个。"她接过杂志，又接过笔，说："我没文化，也没人教过我，我也不画你画的人，我就爱画花。"我指着杂志对她说："那您就给我画个花，就在这上面，随便画。"她拧开笔帽，对我说："我不会使用这种毛笔，我都是拿铅笔画。"我说："没事的，您随便画就好！"

⑦架不住我一再请求，老太太开始画了。她很快就画出一朵牡丹花，还有两片叶子。每个花瓣都画得很仔细，手一点儿不抖，我连连夸她："您画得真好！"她把杂志和笔还给我，说："好什么呀！不成样子了。以前，我和你一样，也爱到这里来画画。我家就住在金鱼池，天天都到天坛来。"我说："您就够棒的了，都多大岁数了呀！"然后我问她有多大岁数了，她反问我："你猜。"我说："我看您没到八十岁。"她笑了，伸出手冲

我比画："八十八啦！"

⑧八十八岁了，还能画这么漂亮的花，真让人羡慕。我不知道我还能不能活到老太太这岁数，能活到这岁数的人，身体是一方面原因，心情和心理是另一方面原因。这么一把年纪了，心中未与年俱老，笔下犹能有花开，这样的老人并不多。

⑨那天下午，阳光特别暖。回家路上，总想起老太太和她画的那朵牡丹花，忍不住好几次翻开那本旧杂志来看，心里想：如果我活到老太太这岁数，也能画出这么漂亮的花来吗？

根据全文，按要求填写下表。（4分）

场景	偶遇老太太	画像被发现	老太太画花	得知其年龄
"我"的心理				

答案：好奇　尴尬　赞叹　羡慕

分析学生错例

错例1：（第一处）灵感

错例2：（第一处）老太太节省、穿搭老成

错误分析：根本不是反映心理的词语。

错例3：（第一处）我以为老太太有很俏皮的样子，很有精神

错例4：（第一处）"我"觉得她很节俭

错误分析：题目让写"我"的心理，不是指"我"心里想了什么内容，而是用词语指出"我"的心理状态。如果还能抓住其他几个空的关键词比对，就会意识到例3的表述太啰唆了。

错例5：（第一处）有趣

错误分析：在原文中找不到依据。

错例 6：（第一处）不屑/不以为然

错误分析：把文中对老太太的心理描写当成了"我"的心理描写，属于读文本读得不仔细。

错例 7：（第三处）期盼　（第四处）惊讶

错误分析：这两个错误回答和分段不准确有关系。老太太画花在文中第 7 段，这段里没有期盼的内容。同样，得知其年龄是在第 8 段，这段里没有表达惊讶的含义。

错例 8：（第三处）惊讶/感叹/高兴

错误分析：原文的内容是——我连连夸她："您画得真好！"。这是对对方的称赞。由于称赞是动作而不是心理，因此答案是赞叹。惊讶和感叹都没表达出"赞"的意思，表意不够准确。"高兴"一词的指向就显得更不合适。

错例 9：（第二处）紧张　（第四处）敬佩

错误分析：这两个答案不一定会被扣分，但也许有的老师批改会扣分。建议既然文中有现成的词语，就要争取用起来，以降低失分的概率。

解题建议

1. 根据提示的内容划分段落和层次，进而确定其表达的情感，这是基本策略。

2. 养成习惯，勾画出文章中反映情感变化的关键词句。

3. 情感是一种情绪，不要理解为一种性格，比如高兴、生气是情绪，乐观、易怒是性格。

题型④ 记叙类文本 理解句子含义 ————————————————●

☑ 代表题目

1. 划线句子在文中的含义是什么？

2. 结合上下文，谈谈划线句子的深刻含义。

3. 根据你对文章的理解，体会下面句子的言外之意。

☑ 常见答题模式

模式1：先分段解说句子中各部分的含义，尤其是解说使用了修辞手法、表达比较含蓄的词或短语，再合在一起表述句子的整体含义。

模式2：先表述句子的表层含义，再解说句子的深层含义或在文中表达的含义。

例题

偶　遇

丁立梅

①小城有家卖饰品的小店，店名极有意思，叫"偶遇"。小店开在一条古旧的街道上。店里卖的都是小饰品：精美的钥匙扣，拙朴的香水瓶，会唱歌的玻璃小人，五颜六色的发圈……每一样，都是精致小巧的。一间再普通不过的小屋，被装点得像童话。让人颇感意外的是，店主是个六十开外的老妇人，穿大红的衫，戴贝壳串成的手链，笑容灿烂，举手投足间，自有一段风情。年轻时，她迷恋小饰物，一直没有机会开这样的店。退休了，她重拾旧梦，天天守着一堆"宝贝"，把日子过得如花似玉。

②那条街道我不常去，自然不知道这是"偶遇"。那天突然撞见，欢喜莫名。这样的偶遇，不特意，不约定，带来惊喜。后来的一些天，我脑子里不时会蹦出那家小店来，一屋的小饰品，丁丁当当，丁丁当当。与老妇人的优雅，竟十分的般配。我不由自主地微笑，岁月里，我们会渐渐老

· 76 ·

去，梦想却不会。

③也是这样的偶遇，在武汉。文友拉我去逛光谷步行街。天桥之上，我被一朵一朵怒放的玫瑰花牵住了脚步。确切地说，那不是花，那是一堆橡皮泥。可它分明又是花，瓣瓣舒展，鲜艳欲滴。

④捏橡皮泥的，是个矮个子男人。眼睛细小，皮肤黝黑，满脸沧桑。沧桑中却有种平和的淡定。他在眨眼之间，把一小坨橡皮泥，捏成一朵盛开的玫瑰。我蹲下去，看他捏。他十指扭曲，严重残疾，却很灵活。手像被施了魔法似的，在橡皮泥上轻轻一按，一瓣花开了。再轻轻一按，一朵花就开了。

⑤我挑起一枝，紫色，典雅大方。我想买。他说，这个不卖，人家预订好了的，你要买，我再给你捏。我惊讶了，我说，你可以重捏一个给预定的人啊。他却坚持不卖，说他答应过给人家留着的，就一定得留着。一会儿，他给我捏出另一朵来，洒上荧光粉。他关照：你回去对着灯光照上十来分钟，它会发光的，很美，很温暖的。

⑥从武汉回来，别的东西没带，我只带了那枝花回来。看见它，我总要想一想花后的那个人，生活对他或许有诸多不公，他却能够做到心境澄清，让花常开不败！

⑦还是这样的偶遇，在云南。夜晚的广场上，一群人围着篝火在跳舞。不断有人加入进去，天南地北，并不熟识。不要紧的，笑容是一样的，快乐是一样的，心灵因一团篝火，在瞬间洞开。我站在圈外看，有人跟我招手，来呀，一起来跳啊。我笑着摇摇头。手突然被一女子牵了，她不由分说把我牵进那欢乐的人群中。

⑧灯光暗影里，她脸上的笑容明明暗暗，如星星般闪烁。她说，跳吧，一起跳吧，很好玩的呀。她很快踩上音乐的节奏，身体像条灵活的鱼，看得我眼热，跟在她后面跳起来。那是我平生第一次跳舞，完全不得章法，欢乐却像燃着的篝火，把人整个点燃。曲终，转身寻她，不见。满场的欢声笑语，经久不散。

⑨人生还有多少这样的偶遇？在时间无垠的荒野里，我们都是跋涉的旅人，却因这偶然的相遇和眷顾，播下温暖的种子。日后，于某一时刻，不经意地想起，那些温暖的种子，早已在记忆深处，生根发芽，抽枝长叶，人生因此变得丰盈。

第⑥段中加点的"花常开不败"有什么含义？（4分）

> 答案：既指男人用橡皮泥捏的花朵能保持绽放不凋谢，也指他能保有自己美好的品质（保持美好温暖的心灵世界）。

分析学生错例

错例1：指将乐观和美好一直延续，永不凋零。

错误分析：没有指出表面含义，只有深层含义。

错例2：表面含义是男人坚强乐观的心态没有消失，深层含义是……

错误分析：把深层含义说成了表面含义。

错例3：表面含义是花绽放着不凋零／表面含义是男人捏的橡皮泥花。

错误分析：花指的是什么花，男人捏的橡皮泥花怎么样了，都没有说完整。

错例4：表面含义是花常开不凋零。

错误分析：这样简单的回答只是重复原句，没有什么意义。

错例5：表面含义是如果这花一直开着，那它永远都不会败给其他花。

错误分析：原句中的"败"是植物凋谢、枯萎的意思，答题者错误地理解成了"失败"，暴露出答题人阅读词汇量方面的问题。

错例6：深层含义是男人心境澄清／男人心灵纯洁无瑕。

错误分析：心境澄清虽然是原文，但究竟是什么意思，也是需要解说的。这两个回答都属于没说清楚。

错例7：深层含义是美好的生活一直在延续。

错误分析：表述不准确。男人患有残疾，在街边捏橡皮泥花，这样的生活美好么？文章要表现的是他的心灵美好，而不是生活美好。

错例 8：深层含义是捏花的人坚强乐观/不会被生活打败。

错误分析："常不败"的"常"有持续的意思，不要只是回答男人的某种品质，而要答出他保持这种状态的一种坚持。

错例 9：深层含义是只要你努力勤奋，就不会被打败。

错误分析：归纳不准确。文章要表现的不是男人的努力勤奋，而是他身处泥沼也有美好的阳光心态以及坚守道德准则的高贵心灵。

错例 10：深层含义是称赞男人内心的坚挺。

错误分析：用词不当。"坚挺"指坚硬，用在在金融行业形容某种股票或货币的行情形势稳固或不易动摇。这里用"坚挺"来形容人的品质不合适，应作"坚强"。

错例 11：花开常不败是本文线索。

错误分析：本文一共讲了三个事例：偶遇小店、卖橡皮泥花和在云南跳舞。花开常不败只关联了第二个事例，没有关联到全文。

错例 12：男人带来的温暖在别人心里不会忘记。

错误分析：角度不对。文章想表达的是男人怎么样，而不是他给别人带来了什么。

错例 13：指不完美却为自己的梦想努力的人，给别人带来快乐。

错误分析：题目要求的是解说花开常不败，这是一种现象，而这个答案将此定义为一种人，因此不准确。

错例 14：借花比男人，抒发了对男人的敬佩，表达了自己的生活理想和敬仰/运用借物喻人的方法，写出了男人内心的坚强澄澈。

错误分析：题型没搞清楚。这样的回答是赏析句子的答法，需要讲清句子的效果、作用、意义。但题目要求的是解说句子的含义。

错例 15：希望生命常在，永不枯萎。

错误分析：答案与文章内容和主题都没有关联。

解题建议

1. 回答句子的含义，相当于对句子的意思做解释说明，不要误答成了分析句子的作用或者赏析句子的效果。

2. 如答题模式所言，需要观察句子有没有表层和深层含义，并分开作答。表层含义一般指字面上的意思，深层含义指作者实际想表达的意思，需要点明作者没有明说部分的语意，常常需要与主题相联系。

3. 第二种答法，先分段解说句子中各部分的含义，尤其是解说使用了修辞手法、表达比较含蓄的词或短语，再合在一起表述句子的整体含义。

4. 回答句子含义时，文章的主题和上下文具体的语境都要联系在一起考虑。

5. 有时文中在给出一个有深意的句子后，会加以阐述或补充说明，注意抓住这样的句子以帮助理解其真实含义。

6. 通过分析句子的结构成分，可以找出句子中需要解说的部分；留意特殊的句式和手法，可以看出句子真正要表达的意思；观察关键词语的感情色彩，也能够帮我们更准确地把握住句子的含义。

题型 ❺ 记叙类文本 赏析句子的表达效果 ————————●

☑ 代表题目

1. 赏析文中划线的句子。
2. 请从修辞（描写、用词等）角度赏析下面的句子。
3. 比较下面一组句子，你认为哪一句更好，为什么？
4. 给文章划线的语句加批注。

☑ 常见答题模式

方法（修辞手法、表达方式、描写角度、写作手法、用词等）＋内容＋效果（情感）。

例题 1

世界还很年轻

刘丽丽

①初中毕业，我考到县城读书，母亲做了个相当前卫的决定：垦荒种棉花，来年用自家的棉絮给女儿做一床新铺盖。在这个精彩纷呈的世界上，彰显母爱的事每天都会发生，没有什么稀奇，唯一不同的就是我感觉她的这个决定又笨又没有必要。

②那时环绕在村子四周的都是水田，没有现成的棉花地，就算种出了棉花，变成新被褥至少需要一年的时间。再者，种棉花几乎要天天喷药，否则虫子猖獗，到秋后留不下几个棉桃。但是在成堆的困难面前，母亲大手一挥，她很坚决，她的理由也很简单：女儿考到县城就必须配好的被褥，公家发的她信不过。

③开学后我就忙碌自己的学业，母亲也忙，忙秋收，忙着打听种棉花的事。那时候村里没有电话，她又不会骑自行车，种棉花的亲戚离我们村十几里地，她都是一步步走着去的，从没有喊过累。她选中的棉田依傍着沟渠，是一块撂荒地，长满了白茅和芦苇。土地解冻之后，母亲就扛着铁

锹去垦荒。茅草根和小芦苇的根，把那块地包裹得又密又厚，像一条错综的毯子。这样的地块，掘起来很费劲。往常一锹下去就能翻上来的土，这里得多费几倍的力气。一个春天下来，母亲的脸变得又黑又瘦，以致我回家看到她的模样，吓了一跳。母亲黑了瘦了，但是那块荒地却变得有边有角，平头正脸。种子已经播到地里，盖上了白生生的薄膜，芜杂的世界在春天中呈现出新的秩序。

④学校的功课紧张，她每天如何辛劳我是不知道的。后来听邻居说起，每天下地回来，她就钻进厨房先忙活出一家人的饭食，然后趁着薄暮时分的天光，再钻进棉花趟子里，掐杈子，打花心，捉虫子。干这些活都是零打碎敲的工夫，牺牲的却是她的休息时间。有一回可能是太累了，母亲竟然歪在棉花地旁边的草沟里睡着了。

⑤那段时间我的成绩并不稳定，心情晴朗的时候少，阴天的时候多。功课紧张，偏偏班主任又指定让我参加学校的演讲赛。虽说我普通话比较标准，但是以我内向的性格，让我在人前侃侃而谈，甚至连比画带拍桌子演讲，让观众感动到掉眼泪，我实在觉得为难。当我站在棉花地头跟母亲大吐苦水的时候，就是怀着这样一种抗拒的心情，我想打退堂鼓。

⑥那是秋天的清晨，草籽在秋风中陆续成熟，草叶上闪烁着晶莹的光亮。母亲正在棉田里忙碌着，她的腰间系了一块塑料布，防止露打湿衣服，但是裤脚上却已经变得湿漉漉的。她一边掐去疯长的杈子，一边仔细翻检棉花嫩蕾上的虫子。在一棵棵棉苗前，母亲的急性子和坏脾气都消失了，她变成了一个极其耐心的人，就像面对着十分宠爱的孩子。是啊，从春天到秋天，田里的无数棵棉花，就是这样一遍遍翻检过去，又抚摸过来的，每一棵棉花上都留下了她的指纹和温度。母亲的情意没有白费，棉花们都很争气，叶子深绿，极力展开的枝杈如同已经见到累累的棉桃。听完我的诉苦，母亲说："老师让咱讲是看得起咱，那你就好好地讲。"回头揪下一个被雨水捂烂的棉桃子，惋惜叹了一口气，继续说，"一遍讲不好，你就多讲几遍。好东西都是熬出来的。"

⑦最后的这句话突然击中了我的心。看着黑瘦的母亲，我突然一阵心酸，同时一股莫名的力量在心底泛起。为了我的新铺盖，母亲在"熬"；为了演讲赛的好成绩，我也要"熬"。她虽然讲不出深刻的道理给我听，但她倔强地认定，自己的心血和汗水最终会变成洁白的棉絮，去温暖女

儿，让她在白天繁重的课业之后，夜里有一个轻盈幸福的梦。为了这份信念，她不喊苦不叫屈，硬生生将一块荒地变成了棉田。那时候，她既要照顾半身不遂的祖父，又要处理一大摊子家务。在焦头烂额里，信念如同一盏孤灯，在黑暗中亮起。循着这光亮，她看到了丰收在望的棉花，她的女儿也读出了一番人生的隽语。

⑧多年之后回望，我还记得整日里那个劳碌的身影，记得她的不服输和坚持。这些年来，每当我疲倦偷懒时，我便习惯性地向着故乡的方向张望一会儿，然后俯下身子继续我的工作。

⑨世界在窗外，未来在远方，亲爱的同学，你准备好出发了吗？希望你的心头也有一盏灯照拂，希望你坚定而努力。正如茨维塔耶娃在诗中写的那样：

⑩世界还很年轻，一切都将发生，为了你能到来。

结合语境，赏析下面语句。（4分）

茅草根和小芦苇的根，把那块地包裹得又密又厚，像一条错综的毯子。

答案：运用比喻的手法，将茅草和小芦苇的根比作错综的毯子（1分），生动形象地写出了土地的芜杂（两种根的多和密）（1分），暗示了母亲垦荒的艰难（费劲）（1分），表现了母亲的辛劳和爱的伟大（1分）。

分析学生错例

错例1：从"密""厚"体现这样的地掘起来费力，也为下文母亲瘦了做铺垫，表现了母亲的辛苦和对我的爱。

错误分析：完全不符合句子赏析题型的答题模式。句子赏析的答案应该包含方法、内容和效果三个部分，这个回答只包含了效果。

错例2：用了比喻的修辞手法，生动形象地写出了杂草的多。

错误分析：没有写出句子表达的情感，仅仅理解了句子最表面的效果，没有结合主题理解其中的思想情感。

错例3：将茅草根拟人化……

错误分析：判断方法错误。仅仅因为文中有茅草根、包裹等词语，所以就判断用了拟人的手法。实际上"包裹"有包容、包围的意思，并不只有人才能完成"包围"的状态，植物也是可以的。同时原文有"像一条错综的毯子"，很明显是比喻。

错例4：将地比作毯子……

错例5：将包裹住的棉花比作一条错综的毯子……

错误分析：弄错了比喻的本体，还是没有把句子读懂。

错例6：通过母亲的辛勤劳动，田中草和芦苇又密又绿，十分丰茂，突出母亲的勤劳坚持，劳动时的认真努力，表达出作者对母亲的赞美。

错例7：生动形象地写出了土地的厚实/肥沃。

错例8：表现了茅草根的茂密，以及作者对它的喜爱之情。

错误分析：错例6是缺乏生活常识，误把杂草丛生当成劳动成果。而且，例6、例7和例8都有相似的问题，就是不联系下文。紧接着下一句话就说"这样的地块，掘起来很费劲"，这就是对前文为什么要写草根茂密作解说。要是联系了下文，就不至于把作者对杂草的基本态度都弄错。

错例9：写出了母亲垦地时的认真。

错误分析：应联系文章的主题，主题不是表现母亲认真的态度。地不好垦，母亲仍然要垦，表现的是她的辛劳。

错例10：表现了母亲为女儿做新铺盖的努力。

错误分析：首先这是个病句，应在"铺盖"后面加上"付出"二字。其次表达的情感没有点透。母亲为什么要为了女儿这么努力？肯定是对女儿的爱。

错例11：表达了在母亲种出棉花以后对母亲的心疼。

错误分析：这话其实没错，但是效果部分答这么一句话就太简单了。

为什么要心疼母亲？因为母亲很"辛苦"。我对母亲的情感是感激和心疼的，那么在这个事件里母亲对我的情感是什么呢？是"爱"。应该从多个角度推敲，争取答得更全面、更完善。

　　错例 12：这句话写出了土地的荒芜，引出下文。

　　错误分析：对题型的判断不清晰。"引出下文"，这是把该题目当成句子作用的题型在答了。

解题建议

　　1. 由答题模式可知，赏析句子的答案由方法、内容和效果（情感）三部分组成。注意不要少了这三个要件。

　　2. 有时候题目会指定从哪个方面去赏析句子，要注意审题。养成勾画出题目要求的习惯能够帮助减少审题中的遗漏。

　　3. 赏析句子使用的手法可以分析修辞手法。如果提不出修辞手法，从词、句式、写作手法等角度分析都可以。

　　4. 有时句子使用的修辞手法不止一种，要争取都找出来。

　　5. 运用了方法的内容要描述具体，千万不要省略或敷衍，这是常见的扣分点。

　　6. 赏析句子时提及的方法要和后面的效果一致，比如方法是比喻，效果就应该是生动形象而不是准确严密。

　　7. 情感效果部分可以谈句子表达的情感，也可以谈句子对中心的表现，可以谈句子对氛围的营造，可以谈句子在文章结构中的效果，也可以谈使用这个句子在语言或语气上的效果（如书面、典雅、通俗、整齐、有气势、急促、紧张、肯定等）。

　　8. 对句子的赏析不能离开上下文，也不能抛开全文的结构与主题，要通观全局，反复推敲。

　　9. 在赏析句子的情感时，注意人物之间的情感常常是相互的，应该分别站在双方的角度去回答，力争完善。

　　10. 初中常见修辞手法列举如下：

　　（1）比喻：抓住两种不同性质的事物的相似点，用一个事物来比喻另一个事物。

常见作用：生动、形象或具体。

（2）借代：不直接说出所要表述的人或事物，而用与其相关的事物来代替。

常见作用：突出形象，具体生动。

（3）夸张：为追求某种表达效果，对原有事物进行合乎情理地扩大或缩小。

常见作用：突出事物特征，使人印象深刻。

（4）对偶：它是一对字数相等、词性相对、结构相同、意义相关的短语或句子。

常见作用：形式整齐，音韵优美。

（5）排比：由三个或三个以上结构相同或相似、内容相关、语气一致的短语或句子组合而成。

常见作用：增强气势，抒发感情淋漓尽致。

（6）设问："无疑而问"，往往是明知故问，自问自答。

常见作用：引起读者思考。

（7）反问：用疑问句的形式表示确定的意思，也就是"无疑而问"。

常见作用：加强语气，增强表达的效果。

（8）拟人：把物当作人来写，赋予物以人的言行或思想感情，用描写人的词来描写物。

常见作用：使事物人格化，形象更加生动，语言富有神采。

（9）反复：两个或两个以上相同的词语或句子重复出现的句式。

常见作用：加强情感，强调语意。

（10）引用：在说话或写作中引用他人的话，以表达自己的思想感情。

常见作用：增强说服力，增添文采。

（11）对比：把具有明显差异、矛盾和对立的双方安排在一起，进行对照、比较。

常见作用：使特征更鲜明，使读者印象更深刻。

11. 句式按功能分，分为陈述句、疑问句、感叹句、祈使句。按长短分为长句和短句，长句修饰成分多，利于描写和抒情；短句简洁明快，利于表达急促、快速、紧张、连续等动作效果。句式按整散分，分为整句和散句，整句就是句式整齐的句子，如对偶句和排比句（作用见修辞手法）。无疑而问的句子，有设问句和反问句。

12. 常见的写作手法，有托物言志、借物喻人、借景抒情、欲扬先抑、衬托（烘托）、夸张、前后照应、对比、拟人化、设置悬念、伏笔、铺垫、象征、开门见山、实写虚写、动静相衬、虚实相生等。以上内容在写作手法那一章节再详述。

13. 仔细审题，不要把赏析句子的题目答成解说句子含义或者分析句子作用的题型。

例题 2

唯有垂杨管别离
李修文

①病房里的岳老师和那个小病号互不相识，他们一个是一所小学的语文老师，但那所小学已经关闭多年，岳老师事实上好多年没当老师了；一个是只有七岁的小男孩，三岁就生了骨病，自此便在父母带领下到处求医，学校，他一天都没踏足过。

②在病房里，他们首先是病人，其次，他们竟然变作老师和学生。四十多岁的岳老师，早已被疾病所带来的争吵、伤心、背弃等折磨得满头白发。可是，当她将病房当作课堂以后，某种奇异的喜悦降临了，她那终年苍白的面容上竟然现出一丝红晕。每一天，只要两个人一输完液，她马上就开始给小病号上课。虽说从前她只是语文老师，但这里却什么都教：古诗词、加减乘除、英语单词……

③每当病人和陪护者挤满病房之时，便是岳老师一天之中神采奕奕的时刻——她总是有意地提出许多问题来考小病号。如果小病号能在众人的赞叹中结束考试，那简直就像是有一道神赐之光破空而来，照得她通体发亮。但小病号生性顽劣，只要病情稍好，就在病房里奔来跑去，岳老师的问题他便经常答不上来。比如那两句诗，上句是"长安陌上无穷树"，下一句，小病号一连三天都没背下来。

④这可伤了岳老师的心。到最后，小病号也愤怒了："我反正活不了

几年了，还背这些干什么？"小病号问完，岳老师借口去打开水，到了走廊，就开始大哭。说是大哭，其实并没有发出声音——她用嘴巴紧紧地咬住袖子，一边走，一边哭。走到开水房前，她没有进去，而是靠在潮湿的墙壁上，继续哭。

⑤自此之后，岳老师没有罢手，反倒是教他更多，甚至，跟他在一起的时间也更多。她跛着脚，跟在小病号后面，给他喂饭，让他喝水，还陪他去院子里，采一朵叫不出名字的花回来，小病号的病更重了，要转院去北京。听到这个消息，她夜夜难眠。

⑥深夜，借着走廊里的微光，她坐在长条椅上写写画画。她要在小病号离开之前，给他编一本教材。这本教材上什么内容都有，有古诗词，有加减乘除，也有英语单词。

⑦微光映照下的她，让人感慨：无论如何，这一场人世，终究值得一过。死亡是人人都无法逃脱的命运，但是你至少要留下抗争的痕迹。

⑧一大早，小病号就要去北京了。他跟病房里的人一一道别，自然也跟岳老师道别。可是，那本教材，虽说只差一点点就要编完，终究还是没编完。岳老师将它放在小病号的行李中，然后捏了捏他的脸，跟他挥挥手。如此，告别便潦草地结束了。

⑨几分钟后，有人在楼下呼喊着岳老师。开始，她全然没有注意，只是呆呆地坐在病床上不发一语。突然，她跳下病床，跛着脚，狂奔到窗户前，打开窗子。于是，全病房的人都听到了喊声，是小病号，他在院子里扯着嗓子喊出来的竟然是一句诗："唯有垂杨管别离！"可能怕岳老师没听清楚，他继续喊："长安陌上无穷树，唯有垂杨管别离！"喊了一遍，再喊一遍："长安陌上无穷树，唯有垂杨管别离！"

⑩离别的时候，小病号终于完整地背出了那两句诗。岳老师却没有应答，她正哭泣——一如既往，她没有哭出声来，而是用嘴巴紧紧地咬住袖子。除了隐忍的哭声，病房里只剩下巨大的沉默。似乎人人都知道，此时此地，哭泣，就是她唯一的垂杨。

根据括号内的要求，赏析第②段中画横线的句子。（4分）

当她将病房当作课堂以后，某种奇异的喜悦降临了，她那终年苍白的面容上竟然现出一丝红晕。（从描写方法的角度）

答案：运用神态描写（1分），抓住岳老师从"终年苍白"到"一丝红晕"的脸色变化（1分），生动地表现了岳老师成为小病号的老师后的成就感（1分）和喜悦之情（1分）。

分析学生错例

错例1：用了夸张的描写手法……

错误分析：把修辞手法当成了描写手法，概念错误。

错例2：划线句是人物描写/直接描写……

错误分析：没有准确答出描写方法。人物描写是一个大类，此处应具体答出是人物描写中的哪一种方法。而如果需要回答是直接还是间接描写，题目一般会给出提示。

错例3：用了外貌描写……

错误分析：句中写的是脸色的变化。如果只是写脸上的气色，还可以视为外貌，但是句子中提到了变化，就应该视为神态。

错例4：用了神态描写，表现了岳老师成为小病号的老师后的成就感和开心。

错例5：用了神态描写，写出了岳老师的神情变化，表现了岳老师成为小病号的老师后的成就感和开心。

错误分析：例4没有引述神态描写的内容，例5神态描写的内容没有说具体。

错例6：运用了神态描写，抓住岳老师从"终年苍白"到"一丝红晕"的脸色变化，表现了岳老师成为小病号老师后的喜悦之情。

错误分析：没有抓住"成就感"，这个点与主题相关，不可或缺。

错例7：岳老师教学生体现了他的责任感……

错例8：体现了岳老师对教学的认真和对教育事业的热爱……

错例9：体现了岳老师的教师素养和职业责任……

错例10：暗示岳老师的艰难，表现她的乐观……

错误分析：这几个回答都是没有抓住文章中心造成的。其实文章第七段的议论和最后一段岳老师的反应，都在指向"生命的价值"这一话题。

错例11：体现岳老师病情的恶劣，她的辛苦与无奈……

错误分析：这样回答的学生以为岳老师脸上泛起红晕是病情不好的表现。且不说面有血色比面无血色好是一般常识，从下一段岳老师问问题时神采奕奕也可以看出，红晕是岳老师兴奋、喜悦的体现。既要善于在文中发现表达作者意图的语句，也要善于联系其他段落理解句子的表意。

错例12：体现出岳老师将病房当课堂后，她的心情、面色、精神都比以前好，反映出小男孩对岳老师的病情改变大。

错误分析：这个回答其实讲得更多的是内容，没有讲情感和效果，而且没有考虑到文章表现的重心也不是小病号。

错例13：说明小病号的出现对岳老师的病情有帮助。他们互相鼓励生存，表达了作者对岳老师的喜爱和赞美。

错误分析：如果他们是互相依存的，为什么作者单单赞美岳老师呢？这个"喜爱、赞美岳老师"，是不顾句子实际情况和文章意图而将主题价值随意拔高。

错例14：写出了岳老师对"我"的影响之大。

错误分析：人称错误。文章不是用第一人称写的，为什么要把小病号称为"我"？

解题建议

1. 这道题规定了赏析句子的角度，审题时应该勾画出来。

2. 赏析句子的注意事项，参见前一个题型的解题建议。

3. 描写按内容来分有人物描写和环境描写。人物描写分为五种，即外貌描写、语言描写、动作描写、心理描写、神态描写。环境描写分为自然环境描写和社会环境描写。此外，抓住生活中的细微而又具体的典型情节，加以生动细致的描绘叫细节描写；对特定的时间与地点内的一个或多个人物活动情况的描写叫场面描写。

4. 描写按照角度分，有直接描写（正面描写）和间接描写（侧面描写）。

题型 ❻ 记叙类文本 句段作用 ──────────────●

☑ **代表题目**

  1. 分析文章开头段的作用。

  2. 文章以"……"结尾，有什么作用？

  3. 文章第三段在结构上有什么作用？

  4. 文章结尾段是否可以删去？请谈谈你的看法和理由。

  5. 请谈谈你对文中划线句子的理解。

☑ **常见答题模式**

  内容上起…作用＋结构上起…作用。

例题

定格在胶卷上的脸

朱成玉

  ①那是一张永远无法定格在胶卷上的脸，那是裱在摄影家心底的一张照片，那是一群贫苦交加的人对美好生活的渴望。

  ②那是很多年前的事情了，因为我的摄影家朋友略微懂得一些非洲语言，所以争取到了随同新华社记者去索马里难民营采访的机会。他一直有那样一个愿望，要用相机记录下难民们一个个水深火热的日子，唤醒全世界的善良来拯救这群在死亡边缘挣扎的人——他们有黑色的皮肤，有褴褛的衣衫，有在贫困中依然闪亮的眼睛……

  ③那是一个怎样的居住地啊，像城市里某个垃圾处理场，臭气熏天，尘土飞扬，战争让他们流离失所，饱受了上帝揣在口袋里的所有苦难。

  ④在那里，他摸到了儿童们瘦如鸡爪的手，听到了老人们临终时的哀嚎和呻吟，看到了妇女们惊恐的眼神，这些都在他的心底烙下了深深的印记。<u>那里的一粒药片比一粒金子更珍贵，一次小小的感冒引发的高烧就会将人推下生命的悬崖。</u>死亡就像一堆篝火的熄灭一样，平常得已经不能让

人感到伤痛了。

⑤但让他无比惊讶的是，在他决定给他们照相的时候，不论男人还是女人，都纷纷去洗脸梳头，把自己收拾得干干净净的，像要赶赴一个节日一样。他想：再贫苦的人，对生活也是充满向往的。

⑥其实，他们是在为自己守着那最后一点尊严，让全世界都尊重的——非洲的心。

⑦摄影家朋友倾其所有，为他们照完了整个口袋里的胶卷。就在他要离开的时候，一个小姑娘跑过来拽住他的胳膊，央求为她照张相。他看到她将自己收拾得干干净净，特别是她的胸前，竟然还戴了一串金光闪闪的项链。她似乎看出了他眼中的惊讶，笑着对他说了项链的秘密。原来那是她用泥巴搓出来的一个个泥球，然后在外面涂上花粉，串成了项链。

⑧就为了做这串"项链"，她才耽搁了照相。

⑨他拿着相机的手在颤动，他不能告诉她相机里已经没有胶卷了，他不能让这朵开在人世间最苦难之地的花在瞬息之间就凋谢，那是一颗真诚地热爱着生活的心啊。

⑩她对着镜头绽放着灿烂的笑，他也不停地摁着谎言的快门，用一个个闪光灯骗过了她的期待。非洲女孩黑黑的脸和灿烂的笑，在那一刻永远定格在了摄影家的灵魂里，再也挥之不去。

⑪回到大使馆后，我的摄影家朋友想尽办法向工作人员要了几个胶卷。他的心很乱，迫不及待地要求再回难民营一趟，想为那个女孩补拍几张照片。前后辗转约有二十多天，他不知道，这二十多天，一个满怀期待的生命已经走到了尽头。

⑫她纤细的生命一直在飘飘荡荡，一次普通的感冒，就让她永远地睡着了。

⑬小女孩躺在母亲的怀里，已经离开了苦难的人世，胸前那串项链依然镀着阳光的色彩，刺得人的眼睛有种无法回避的疼痛。

⑭那位母亲说，这二十天是孩子最快乐的日子，她每天都在盼望着能看到她的照片，看到自己在灿烂的阳光下，像花一样绽放；她临终前最后一刻还在问：中国叔叔来了吗？

⑮这就是生命。在那最贫苦的地方，一颗苦难的灵魂被涂抹上阳光的色彩，变成珍珠，串成了美丽的项链……

⑯对美的向往之心，让这个世界重新看到了希望。

第④段划线句在全文中有何作用？（4分）

> 答案：内容上交代了索马里难民饱尝生活苦难，缺医少药，挣扎在死亡边缘的情况（2分），结构上为后文小姑娘患病死亡做铺垫（2分）。

分析学生错例

错例1：这句话表达了作者对非洲人民的同情，为小姑娘病死埋下伏笔。

错误分析：建议按照题型要求，标明内容和结构上的作用，分别作答。

错例2：运用了比喻和对比，把药片和金子作对比，把死亡比作篝火熄灭，生动形象地写出了药片的重要珍贵，表达了作者对他们的同情。

错误分析：缺乏题型意识，答题者把句子作用当成句子赏析的题型答题。

错例3：内容上表现出在非洲药片很稀少。

错误分析：药片稀少是文章字面的表述，实际上反映的是缺医少药的状况。回答的时候需要提炼内容，文字不能过于浅表。

错例4：内容上体现了战争的残酷，人命都没药贵了。

错例5：写出了索马里难民可怜的身体素质。

错例6：呼吁大家关爱非洲人。

错例7：说明了那里的穷苦、落后。

错例8：暗示了帮助非洲人、非洲人乐观、对生活充满向往的主旨。

错误分析：原句在内容上反映了当地居民处境堪忧，例4、5、6指向都有问题。例7说得不够具体，例8是根据第五段的内容归纳的，而原句在第四段。

错例9：为后文做铺垫/引出下文小女孩的故事。

错误分析：为后文什么内容做铺垫，没有讲具体。引出小女孩的什么故事，同样没有讲具体。

错例 10：开启下文人们对美好生活的向往/为下文人们拍照前把自己收拾得干干净净做铺垫。

错误分析：没有将划线句指向的下文内容判断正确。

错例 11：照应了文章的开头。

错误分析：文章开头讲照片上对美好生活的渴望，与划线句讲缺医少药的境况并不一致。

解题建议

1. 句段在内容上的作用，常见的有：交代情节（结局）、推动情节发展、烘托人物形象、体现人物感情、渲染气氛、点明中心主旨、深化主题（升华主旨）等（内容和中心都被归入内容上的作用）。

2. 句段在结构上的作用，常见的有：总起全文、引出下文、埋下伏笔、做铺垫、承上启下、前后照应、首尾呼应、点题、总结全文等。

3. 文章开头段在结构上的作用，常见的有：总领全文、设置悬念、吸引读者兴趣、为下文做铺垫、开门见山、引出下文、欲扬先抑等。

4. 文章中间段在结构上的作用，常见的有：承上启下、总结上文、引出下文、为下文做铺垫、与前文呼应等。

5. 文章结尾段在结构上的作用，常见的有：总结全文、表现中心、升华主旨、首尾呼应、点题、揭晓悬念等。

6. 文章的开头段、过渡段、结尾段以及段首句、段尾句一般会承担特殊的作用。此外，议论、抒情的句子也常反映文章的主旨。

7. 仔细审题。不要将"分析句子作用"误答成"解说句子的含义"或者"赏析句子"。

8. 有一类题目叫"谈谈对句子的理解"，这类题目既要解说句子的含义，也要分析句子的作用或者表达效果。相当于分析"含义＋作用"，或者"含义＋赏析"。由于这几种题型前面已做分析，因此不再对句子的理解单独列为一节，特此说明。

题型 ❼ 记叙类文本 赏析词语

☑ **代表题目**

1. 品味文中划线的词语的表达效果。
2. 结合语境，体会文中加点词语的深刻含义。
3. 分析文章使用加点词语的妙处。
4. 文中两个加点词语看似矛盾，应该如何理解？
5. 能否用下面这个词替换文中的加点词，为什么？

☑ **常见答题模式**

词语本义＋方法＋语境义＋效果（主题、情感）。

例题

燃烧的木棉

梁惠娣

①在更远的南方，春天是木棉花燃烧的季节。

②在一个下着微雨的早晨，我在街心公园中散步。走着走着，一棵木棉树出现在我的面前。它枯褐色的枝干像垂暮老人布满皱纹和沟壑的脸，充满沧桑的样子，一点儿也不好看。一抬头，才发现无数硕大、深红的木棉花在头顶密匝匝地开放，像天空中飘过来一团火红火红的云，又像一道红艳艳的朝霞，也像一团熊熊燃烧的火，映红了一片天空，是那样耀眼夺目。偶尔，有开得正艳的木棉花从枝头落下，啪的一声落到地上，掷地有声，那样响亮，那样决然。

③在这样的春天，我最爱到图书馆里看书。图书馆旁边有一个明如镜子的小湖，湖水清澈。湖边，一棵古老的木棉树临湖岸而长，它一树灰褐的枝干，未待绿叶长出，先开出一树繁盛无比的红花来，像美人临水梳妆。她伸出纤纤玉手，描唇画眉，那艳红亮丽的木棉花便是她发髻上的头饰。满树盛开的木棉花与湖水中的倒影交相辉映，更令人感到惊艳绝伦的

美。我每次到图书馆，都坐在靠窗的座位上，安静地阅读。偶尔从书页间抬头，看到无数开放着的木棉花像无数张笑脸，如此灿烂热烈，奔放到肆无忌惮的样子。那时那刻，我的心里也开出一朵朵热情奔放的木棉花来，满心欢欣与感动。有木棉花相伴的闲读，更觉舒心惬意。

④在这个木棉花盛开的时节，流连在燃烧的木棉花下，禁不住吟咏木棉花的诗句，惹来几分追昔怀远的情思。

⑤宋代诗人杨万里在《三月一十雨寒》诗中写道："姚黄魏紫向谁赊，郁李樱桃也没些，却是南中春色别，满城都是木棉花。"意思是说，像姚黄魏紫这样名贵的花要向谁要，就连李子樱桃这样的小家碧玉的花也没有。但是南方春色却有不同，满城都是木棉花。生动地描绘了南国红棉闹春的绚丽景色。我能想象，走在开遍全城的木棉花下，该是怎样繁盛热闹的景象。

⑥明末清初女诗人张乔的《春日山居》里也写到了木棉花，诗曰："二月为云为雨天，木棉如火柳如烟。烹茶自爱天中水，不用开门汲涧泉。"诗中写了早春二月时晴时雨的气候，木棉花如火如荼地开放，杨柳冒出新芽像一团团浅黄色的烟雾，遇到大雨时，不用开门汲涧泉取水，自接天水烹茶，饶有风味。那样的山居生活令我无限向往。

⑦我爱木棉花，爱它生机盎然地盛放，又如此壮烈地坠落。当我看到那一朵朵盛开的木棉花，心中不禁燃起火一样的热情。我想，我们也要像木棉花一样，要用尽全力开放一次，才无悔这一生。

分析下边这句话中加点词语的表达效果。（5分）

偶尔从书页间抬头，看到无数开放着的木棉花像无数张笑脸，如此灿烂热烈，奔放到肆无忌惮的样子。

> **答案：**肆无忌惮的本义是行为一点儿没有顾忌（1分），文中是指木棉花开得无拘无束（1分）。这里既贬词褒用，也运用了拟人手法（1分），生动地表现木棉花开放的灿烂热烈（1分），表达了作者对木棉花的喜爱（1分）。

分析学生错例

错例1：文章用了拟人手法，生动地表现木棉花开放的热烈、茂盛，表达了作者对木棉花的喜爱。

错误分析：没有解释词语的本义和语境义，而是按照句子赏析的模式在答题。

错例2：肆无忌惮的本义是很奔放、放松、无忧无虑/随意洒脱、无任何遮盖/做事没考虑后果。

错误分析：这些本义的解释都是错误的。这个词语可以采用拆解的方式来解释，分为"放肆"和"无忌惮"两个部分。但是这种方法也不适用于所有词语，考试是不能查词典的，因此要加强平时词汇的积累。

错例3：肆无忌惮的本义是没有顾忌的事。

错误分析：这个解释表述不严谨。既有歧义，还没有表达完整。

错例4：肆无忌惮在文中指花开得放肆，没有顾虑。

错误分析：这个语境义只是照抄本义，没有准确地写出文中所要表达的意思。

错例5：肆无忌惮的本义是行为一点儿没有顾虑，文中是指木棉花开得灿烂热烈。生动地表现木棉花开放的茂盛，表达了作者对木棉花的喜爱。

错误分析：没有讲出这个词使用的修辞手法，答案要件不齐全。

错例6：文章用了比喻的手法，将木棉比作笑脸。

错误分析：题目是赏析词语。"肆无忌惮"这个词描述的是木棉花的开放，用的是拟人手法。虽然整个句子是用了比喻的手法，但是需要赏析的词并不是，因此不能这样回答。

错例7：文中用了描写的手法，生动地写出了木棉花开的灿烂。

错误分析：关于赏析词语，在答题的时候，有修辞手法就先答修辞；没有修辞的，再依次考虑写作手法、词性句式、表达方式等角度去分析。

错例 8：这里采用的方法是贬词裹用。

错误分析：常常有学生不会写这个"褒"字。老师讲课时涉及的词汇，如果不会写要及时请教，不要似懂非懂、不懂装懂，免得"书到用时方恨少"。

错例 9：表达出作者看到木棉花开时的欢欣感动、舒心惬意。

错误分析：这个回答引用的是原文，但是此处引用得不恰当。作者先是喜爱木棉花，才会用"肆无忌惮"描述它的灿烂，然后才有欢欣和感动。

解题建议

1. 弄清题型，不要把"赏析词语"答成了"赏析句子"。

2. 答题模式的四个要件不可少（词语本义，方法，语境义，效果、主题、情感）。

3. 本义，指的是词语本来的意思，不同于词语的引申义和比喻义。而语境义指的是词语在具体语言情境中或者联系上下文产生的意义。

4. 应注意词语的感情色彩，有的词语会运用反语或贬词褒用，在特定的语境中表达特殊的情感。

5. 词语如果运用了修辞手法，要注意把握，尤其注意赏析词语题要指出的是词语运用的修辞手法，而不是整句运用的修辞手法。

6. 答赏析词语题要注意观察，该词语的运用是与全文的中心有联系，还是仅与段落、语境有联系，并及时建立联系。

7. 平时要重视词汇的积累，毕竟考试时不能查词典，解词全靠硬功夫。

题型 ❽ 记叙类文本 标题作用

☑ 代表题目

1. 文章的标题有什么含义？

2. 文章以此为题有什么作用？

3. 谈谈你对本文标题的理解。

4. 文章以此为题，好不好？好在哪里？

5. 文章的标题可否换为《……》？说说你的看法。

☑ 常见答题模式

标题含义＝表层含义＋深层含义。

理解标题＝标题含义＋标题作用。

例题 1

乡村一树寂寞红

杜忠书

"七里黄泥红树岗，西风果熟一村香。"秋天的下午，阳光暖暖地照着，凉凉的西风吹着，吹皱了一池秋水，吹蓝了明净高远的天空，吹红了一树树的柿子，也吹起了游子满腔思绪。

当柿子红了的时候，我总会想起家乡，想起家乡的柿子。家乡的柿子犹如一串串红红的"灯笼"总在眼前闪烁，柿叶如同一面面"红旗"总在眼前飘扬，一幅幅"柿"情画意总在眼前浮现，那些温馨的回忆悄无声息地弥漫开来……

每到春天，春姑娘踩着春风的鼓点亲吻着大地，唤醒了小鸟，也抚摸着乡村的柿树。柿树娇嫩的枝条从树上钻出来，青翠欲滴，煞是好看。不几天，柿树就开花了，花很小，有黄色的，有橙黄色的。花朵虽小，但小巧玲珑，精致可爱，朵朵似娇俏可人的小姑娘。

点点的清香氤氲，偶尔有蝴蝶飞来，萦绕其间；间或有蜜蜂来访，流连其中。一阵春风细雨，满地落花。这可让孩子们高兴坏了，女孩子就用马尾巴草把柿子花一朵一朵地串起来，编成花环，戴在头上；做成手链，戴在手上，或者长长地串一串，制成花冠，那俨然就是花仙子了，个个心里乐开了花。

夏天，墨绿的叶子覆盖了全树，青色的小柿子顶着帽子藏在树叶里，如果你不仔细看的话，你很难发现它们。整个初夏，柿子顶着帽子躲在绿叶间，同绿叶儿们一同长大。我们就在树下玩耍，欢闹声中，盛夏已过，秋像藏猫猫的顽皮孩子，一下子窜到面前，调皮地笑着，伴着鬼脸。再看柿树，青涩的柿子，已慢慢地变成橘黄色，像刚学会变脸的顽童，狡黠地笑着，站在枝头，跳着，闹着，直到把枝头压弯了才肯罢休。

"立秋胡桃白露梨，寒露柿子红了皮"。深秋时分，柿子树上的叶子慢慢地变红了。从远处看，仿佛一团燃烧的火，美丽极了。青绿的柿子变成了金黄色的，霜降到了，柿子慢慢地由橘黄变成红彤彤了，霜降过后，树叶开始凋零。黄柿子慢慢被秋风染红了脸蛋。柿叶红中透绿，绿中带黄，一片片随秋风飘落，又经过几场银霜，当你想要留恋那一树红叶，它却早已落光，只剩一树红透了的柿子，像一盏盏漂亮的红灯笼似的，又像一个肥嘟嘟的小娃娃，可爱极了。

火红的柿子，挂满了秋的情愫，点燃了秋的色彩，装点着秋亮丽的风景。深秋柿子红，柿柿如意，红了人们的心情。秋天渐行渐远，满树红彤彤的柿子，软软的，像极了娇美的小姑娘，羞答答地抿着嘴，偷窥着偶尔路过乡村的面孔。

童年的柿树伴随移民搬迁的进一步深入，寂寞孤独地守望着乡村，缺了人们的呵护，村里的那些柿子树，叶子都疏疏落落的了，有点干枯萎顿地卷着，树上柿子高悬，没人采摘，成了鸟雀们的美餐。秋风乍起，一阵阵的寒风吹过，红红的柿子摇曳枝头。有些柿子在树上待得不耐烦起来，便扑通一声，坠在地上，钻进草丛。唯有那些美好记忆犹如昨日，历历在目，时时温暖着游子的心。

秋风一阵紧似一阵，只有那一树火红的柿子寂寞地挂在枝头。这一树寂寞红，独守乡村，令人伤感。忽而一只喜鹊，从云层飘摇而至。它缓缓地绕树顶飞了一圈，幽幽飞落于那一树柿子树上，轻轻地啄了两口，忽地抬起头来，"佳佳"地叫着，似在呼朋引伴。不一会儿，就飞来好多喜鹊，兴高采烈的啄着，叫着。哦，如今，寂寞红不再是寂寞的，而是红成了灿烂如晨间的一片霞光。

文章题目"乡村一树寂寞红"有什么含义？（4分）

答案：一方面指一树柿子寂寞地挂在枝头的乡村秋景（1分），另一方面也指移民搬迁后的乡村仅有柿树孤独守候（1分），勾起了游子的思乡之情（1分），深化了文章的主旨（1分）。

分析学生错例

错例1：这是全文的线索，围绕它写了柿子树以前的样子，以及搬迁后柿子树的寂寞。点明中心，表达了作者对家乡的怀念之情。

错误分析：该答案没有解说题目的含义，而是在赏析句子，属于没弄清题型。

错例2：内容上写了柿子树寂寞地挂在枝头。结构上交代了全文的写作对象。把文章的几句诗串联起来，让文章显得很有文采。

错误分析：这也不是在解说题目的含义，而是在分析句段的作用。

错例3：含义是乡村中的一树红柿子在人们搬迁后变得荒凉寂寞，任鸟儿啄食。

错误分析：应该分别分析表层含义和深层含义。

错例4：题目包含了文章主要描写的乡村的柿树，与文章后段形成照应。

错误分析：这个回答前半部分回答的是题目的表层含义，但没有回答完整。后半部分是在分析作用，也不合要求。

错例5：题目的表层意义是树上只有这一点红，很寂寞……

错误分析：表层含义没说清楚，尤其是"一点红"运用了借代的修辞手法，这是需要解说的部分，不能照抄原文。

　　错例 6：表面指乡村树上是红的，实际上指挂果的柿子树。

　　错误分析：表面上表层含义和深层含义都有讲，实际上全部讲的是表层含义。

　　错例 7：深层含义是作者对故乡的怀念……

　　错误分析：这个深层含义的表述不具体，只讲了中心，没讲含义。

　　错例 8：反映了作者对柿子树的喜爱、赞美/表现了作者对童年的怀念。

　　错误分析：题目的深层含义常常需要联系主题，主题一旦没抓住，对题目深层含义的把握就会出现偏差。文中像"童年的柿树伴随移民搬迁的进一步深入，寂寞孤独地守望着乡村"，还有"那些美好记忆犹如昨日，历历在目，时时温暖着游子的心"，这样的句子是反映主题的，一定要抓住。

解题建议

　　1. 注意审题，不要把标题的含义当成了标题的作用（学生由于常背标题的作用，因此常常看见标题两个字就开始答"作用"）。

　　2. 分析题目含义时，注意分解题目包含的词和短语，分段解说，尤其是表达比较含蓄或用了修辞的部分。

　　3. 理解题目的含义，要从表层含义（本义）和深层含义（结合中心）两个层面考虑，并分别作答。

　　4. 分析题目的含义，不能不解释词句而空谈文章主题；也不能只解释词句意思而不联系主题进行考虑。

　　5. 学会从题目涉及的各个角度展开分析，力求理解和表述更加全面。

例题2

一只羊其实怎样
杨瑞霞

生命在经历了那么漫长的一个过程之后，总会为我们保留一些什么。对于我来说，我的生命就无意中为我存留了一些印迹，一些人或者事情。另外，还有一只羊。

在我七八岁的时候，家里有过一只羊。是一只绵羊。

它肯定是在很小的时候被买来的，可我完全不记得它小时候的样子。在我的印象里它是一只很大的羊，它健壮，肥硕，高傲，沉稳，一副成年人的模样。在我小的时候，我分不清一个人和一只羊有什么本质上的不同。我把它当成是家里的一个人，而且是一个大人。现在想起来，当时犯了同样常识性错误的不光是我，还有我的父母，他们肯定是把它当成了我们。还有我的哥哥们，他们把它当成了什么？是不是当成他们自己了呢？当时粮食很紧张，父亲42元钱的工资，要养活全家6口人。在这种情况下，一只羊能长成那样的特例，除了一家人——当然包括羊在内——的相濡以沫之外，似乎不可能再有别的什么解释了。总之，那只羊是在那样一个错误的环境下长大，结果便是它也跟着犯了一个更大的错误：它从来就没把自己当成是一只羊。

对于我们中间一些不曾亲自与羊一起生活过的人，对于羊的认识，往往来自听到的童话。在那个世界里，羊永远是弱势群体，它所代表的特性是柔弱、善良、逆来顺受且又无话可说。而当一只羊真正与我们的生活发生关系的时候，往往已改变了原本的样子，变成了肉的形式，这样它便永远都失去了表达的机会，我们便永远都无从得知，一只羊想说些什么。而我家的这只羊，在我的思维定式尚未形成时走近了我，我没有那些现有的经验，所以我觉得它所有的作为都浑然天成，非常自然。

首先，它绝不逆来顺受。当然，如果确实是它错了，它会沉默着听你教训；可是如果错的是你，是你无缘无故地欺负了它，它不会善罢甘休，用现在的话说，它是一定要讨个说法的。记得有一次，我二哥牵着它去地里吃草，二哥当时的思维还沉浸在头天晚上看的电影《地雷战》里，他捡了一根棍子，叉开腿对羊做了一个日本"鬼子"劈刺刀的动作，同时喊了一声"八格牙鲁"。他太轻视了一只羊有可能对这个动作做出的反应。绵羊当时发了一下怔，不知它头天晚上是不是也和二哥一起看了那场电影，反正它当即判断出了这个动作所具有的侮辱性质，它把头一低，义无反顾地冲了上去。二哥见它来势凶猛，吓得转身就跑，它在后面奋力直追，一直追出三四里地，最后二哥向它举手投降，它才和二哥和好。

还有一次，邻居家的小伙子在手心里放了很小的一点儿干粮渣，然后非常夸张地招呼它。它不想辜负别人的好意，走了过去，等它弄明白发生的事情，它选择了轻蔑地离开。在离开的过程中却又出乎意料地转身给了正在得意的那人一个教训，使他记住了捉弄一只羊会得到什么样的报应。

同样它的行为也导致了围观者的一片大惊小怪。是呀，一只羊怎么可以有这么强的自尊心呢，一只羊怎么可以这么张扬自己的个性呢。

其实这只羊让人觉得它不像一只羊，不仅仅在于它有个性，还在于它有很强的责任心。在一个风雪交加的夜晚，一向沉默的它突然放声大叫，低沉的声音表达着一种焦虑。父亲出门一看，原来大风吹开了院门，家里刚买的半大山羊跑出了院子。是大绵羊的警觉使家里避免了一笔不小的损失。

另外还有它的聪明。它的聪明不但让幼时的我觉得非常神秘，即使到今天，我还感觉到几分诡异。有天中午，我妈有事出去，把羊关进了羊栏，还在羊栏的出口处挡了一块菜板；把我关进了屋里，然后锁上了院门。和羊单独相处的时候，我从不敢擅自到它跟前去，所以我一个下午没有出屋，后来大概羊和我一样等得不耐烦了，要不就是它想知道我一个人在屋里做些什么，只听哐当一声，羊抵碎了菜板自己把自己放出来了。然后它直奔房门，用头一下下撞门。我知道它是过来找我了，我当时的反应是赶紧找个地方藏起来，于是我掀起床单，钻到了床下。过了一会儿，听不到撞门声了，我从床下探出脑袋朝外张望，忽然看见大绵羊正把前腿搭在外面窗户上，伸着头朝屋里张望，可能是它的脸太长了，影响了视线，它竟然把头侧过来用一只眼紧贴窗玻璃。所以它的姿势和表情看上去都格外的怪诞。我在这只羊的窥视下绝望地哭了起来。

当初买这只羊，肯定是要养大后卖掉补贴家用的，可它的种种不同凡响，让它一次次拖延了离家的时间，然而一只羊的最后结局总难摆脱，那是它的宿命，而对于我来说，与它相处的经历，则是一种缘分。我想，如果有一天，我碰到一只羊，它非常体面地走过来，用流利的汉语或者英语同我打招呼，我会很自然地同它交谈，而且一点儿都不会觉得奇怪。因为在我很小的时候，我就知道，一只羊其实是怎样的。

本文的标题是亮点，请结合全文分析标题的好处。（4分）

答案：交代了写作对象，概括了全文的主要内容，作者借儿时回忆向我们展示了一只体面的绵羊"其实应该是怎样的"。（2分）一只羊其实怎样，题目发人深省，引发读者对主旨的思考，这头羊的精神实质是什么以及对身边生命的敬畏之心。（2分）题目以疑问的语气，设置悬念，吸引了读者的阅读兴趣。（2分）（任答2点）

分析学生错例

错例1：本文写了我养了一只羊，但是它没有把自己当成一只羊。这只羊让我知道了一只羊其实是怎样的。

错误分析：题目的作用有哪些，这个题型应该怎样答，该答题者是没有概念的。

错例2：题目的本义是，一只羊是怎样的……

错误分析：这是按照题目的含义答题的，对题型没弄清楚。

错例3：本文题目的作用是：引出下文羊的特点/为文章内容做铺垫/为下文埋下伏笔/总领全文/与文章的结尾呼应。

错误分析：这是句段作用，而不是题目能有的作用。最后一种回答是学生犯的常见错误，一般我们可以说后面的段落与题目或前面的段落呼应，但不能说题目或前面的段落与后面的段落呼应。

错例4：本文题目的作用是交代写作对象，交代主要内容……

错例5：本文题目的作用是点明写作对象是羊……

错误分析：写作对象或主要内容是什么，要交代具体清楚。

错例 6：这个题目的作用是引起了读者的阅读兴趣……

错误分析：为什么能引起读者的阅读兴趣，要解释明白。

错例 7：题目点明了文章的中心主旨……

错误分析：这个题目最多只能算是点明了描写对象、内容或者话题，不能算中心主旨。若说到尊重其他生命或者应该具备什么精神品质，这些才是本文的中心主旨。

解题建议

1. 弄清题型，不要把"标题的作用"答成了"标题的含义"或"赏析句子"。

2. 常见的标题的作用有：

（1）交代写作对象。

（2）概括文章的主要内容。

（3）揭示文章的中心主旨，反映了作者的某种情感。

（4）题目是贯穿全文的线索。

（5）交代故事的环境背景。

（6）设置悬念。

（7）吸引读者的兴趣。

（8）象征、比喻或双关。

3. 在回答"题目的作用"时要结合具体内容进行阐述，比如要表述清楚内容、对象、主旨是什么，交代了什么环境背景等。还有题目是怎么实现作用的，比如设置了什么悬念，靠什么吸引读者的阅读兴趣等。

例题 3

母亲的羽衣
张晓风

①讲完了牛郎织女的故事，细看儿子已经垂睫睡去，女儿却犹自瞪着

眼。忽然，她一把抱紧我的脖子："妈妈，你说，你是不是仙女变的？"

②女儿的问话充满童真和稚气，我真的一时不知怎样回答。但这句问话却像一把无形的钥匙，开启了情感与记忆的箱箧……

③许多年前，那时我自己还是小女孩，我总是惊奇地窥伺着母亲。记忆中母亲晒箱子的时候，就是我兴奋欲狂的时候。

④母亲的樟木箱子又深又沉，像一个混沌初生的宇宙。我还记得的是阳光下它富丽夺人的颜色、怪异的樟脑味以及我在母亲喝斥声中东摸摸、西探探的快乐。

⑤我唯一真正记得的一件东西是幅漂亮的湘绣被面，雪白的缎子上，绣着兔子、翠绿的小白菜和红艳欲滴的小萝卜。母亲一边整理，一边回过头来说："别碰，别碰，等你结婚送给你。"

⑥那幅湘绣被面后来好像不知怎么就消失了，我也没有细问。但不能忘记的是母亲打开箱子时那份欣悦自足的表情，会让我觉得她忽然不属于周遭的世界，那时候她会忘记晚饭，忘记我扎辫子的红绒绳。

⑦除了晒箱子，母亲最爱回顾的是早逝的外公对她的宠爱。外公总喜欢带她上街去吃点心，而当年的肴肉和汤包又是如何好吃，甚至煎得两面黄的炒面和冰糖豆浆都是超乎我想象之外的美味。

⑧每听她说那些事的时候，我都惊讶万分——我从有记忆起，母亲就是一个吃剩菜的角色，红烧肉和新炒的蔬菜简直就是理所当然地放在父亲面前的，她自己的面前永远是一盘杂拼的剩菜和一碗"擦锅饭"。

⑨母亲每讲起那些事，总有无限的温柔，她既不感伤，也不怨叹，只是那样平静地说着，并不想把那个世界拉回来。下一顿饭，她仍然会坐在老地方吃那盘剩菜；而到夜晚，她会照例一个门一个窗地去检点、去上闩。她一直都负责把自己牢牢锁在这个家里……

⑩其实世上哪一个母亲不曾是穿着羽衣的仙女呢？像故事中的小织女，她们都曾住在星河之畔，织虹纺霓，藏云捉月，几曾烦心挂虑？她们是天神最偏怜的小女儿，她们终日临水自照，惊讶于自己美丽的羽衣和美丽的肌肤，她们久久凝注着自己的青春，被那份光华弄得痴然如醉。

⑪而有一天，她的羽衣不见了，她把洁白的羽衣拍了又拍，无声无息地关上箱子，藏好钥匙。是她自己锁住那身昔日的羽衣的。她不能飞了，

因为她已不忍飞去——她已经决定做一个母亲。

⑫女儿没有得到答案，哪肯善罢甘休。双臂将我的脖颈搂得更紧："妈妈？你到底是不是仙女变的？"

⑬我回过神来，却又一时愣住，我究竟是不是仙女变的，我不想也不方便告诉她什么，只胡乱应付着："不是，妈妈不是仙女，你快睡觉。"

⑭对我的搪塞，女儿将信将疑。她听话地闭上眼睛，旋而又不放心地睁开："如果你是仙女，也要教我仙法哦！"

⑮我笑而不答，替她把被子掖好。其实我真的很想对她说："是的，妈妈曾经是一个仙女，在她做小女孩的时候。但现在，不是了，你才是，你才是一个小小的仙女。"

认真阅读全文，想一想，题目"母亲的羽衣"应该如何理解？（4分）

> **答案**：指母亲在"决定做一个母亲"前备受宠爱、无牵无挂、自由、快乐、幸福的美好生活。（2分）题目运用比喻，生动形象，容易吸引读者的兴趣。（1分）将母亲喻为仙女，暗指母亲的美丽和做出牺牲的高尚，表达了作者对母亲的敬仰和赞颂。（1分）

📖 分析学生错例

错例1：指母亲在小时候快乐、幸福的生活，那时的生活是令人羡慕的。

错误分析：只解释了题目的含义，没有分析作用。

错例2：羽衣是全文的线索。以线索为题，反映文章的中心。

错误分析：只分析了题目的作用，没有解释含义。

错例3：含义是每个母亲小时候都有自己的梦想。

错例4：羽衣象征母亲的自由。

错误分析：结合原文，例3把"羽衣"表述为"梦想"显得不准确，例4的表述不够准确、具体。

错例 5：指她们小时候，选择担起母亲责任前的自我。

错误分析：指向有问题。"羽衣"指的不是人，而是一种生活状态。

错例 6：羽衣代表着母亲的美丽，也代表着母亲的幸福。

错误分析：理解题目，首先还是要解释题目的含义。这个回答不是在解释含义，而是在分析主旨。

错例 7：含义是母亲放弃了仙女的美丽，成为一名普通的母亲。

错误分析：这是很多学生都会犯的错误。题目需要你解释的是"母亲的羽衣"的意思，而不是解释"母亲放弃了羽衣"。前者是文章的标题，后者是文章的内容，不要随意扩大答题解释的范围。

错例 8：表面上是说母亲的羽毛衣裳/母亲小时候和小织女一样，有着洁白的羽毛。

错误分析：这些表述让人觉得母亲是个原始人……

错例 9：题目为下文做了铺垫。

错误分析：铺垫是句段的作用，别用到题目上来。

错例 10：题目点明了文章的中心。

错误分析：中心没展开讲清楚，而且羽衣也不可能是中心。

错例 11：题目起了吸引读者的作用。

错误分析：作用分析不全面。有的题目不止一个方面的作用，一定要多角度分析，力争回答完美。

解题建议

1. 谈对标题的理解时，含义和作用都要分析。

2. 其他的建议见例文 1 和例文 2 对题目含义和作用的分析。

3. 本文的标题是用了修辞手法的，应该指出并分析。

题型 ⑨ 记叙类文本 人物形象 ————————————●

☑ 代表题目

　　1. 结合文章内容，概括主人公的性格特征。

　　2. 分析文中父亲的人物形象。

　　3. 文中的女人是个怎样的人？请举例分析。

　　4. 你喜欢文中的某某吗？请说说理由。

☑ 常见答题模式

　　答案的基本句式为：从……（情节）可以看出，……（人物）是……（性格特征）的人。

例题

一次失败的离家出走

路　明

　　1998 年，我初二，有一天，我离家出走了。

　　这是一次预谋已久的出走，原因是：我厌倦了当一个好孩子。

　　我对着镜子，忧伤，沮丧，无可奈何。镜子里的自己，长着一张平庸无奇的脸：瘦弱，白净，还戴一副金丝眼镜，标准"小红花少年"的模样。我无数次比画，这里，对，就是这里，斜下来，有一条刀疤该多好。

　　更要命的是，因为成绩好，加上管教严，我一直是"别人家的小孩"——走路中规中矩，放屁细声细气。只是，没人知道，在我内心深处，燃烧着怎样的火焰。

　　十三岁的少年，两点一线，写不完的作业，却渴望像草莽英雄那样揭竿而起，像江湖豪侠那样行走天下。

　　那天的早饭是稀饭和白煮蛋。我喝完稀饭，把白煮蛋放进书包里，又从厨房拿了一个冷粽子，然后背上书包，右手插在裤兜里，紧紧攥着两张皱巴巴的钞票，一张五块的、一张十块的。钱是昨天问爷爷要的，理由是买学习资料。

出门，沿老街一直走，前方有一座石桥，过了桥就是我所在的中学。我走过桥边，卖卤豆干的阿婆抬头看了我一眼。带着做贼心虚的快感，快速穿过一片旧街巷，我来到了小镇的尽头。

镇北边是村庄，大地在我眼前徐徐打开。春天，油菜花盛开，三两农人在田里劳作。我走在田埂上，呼吸着新鲜的空气，一股悲壮感油然而生。你看，我自由了。我将浪迹天涯，永不回头。像格瓦拉走向丛林，像贝吉塔走向那美克星，像小小的十二月党人走向他的流放地。世界如此辽阔，而我是孤独的。意识到这一点，真是让人又心酸又骄傲。我不由得想起了高尔基的《童年》、狄更斯的《雾都孤儿》和日本动画片《咪咪流浪记》。我情不自禁地唱起来：

落雨不怕/落雪也不怕/就算寒冷大风雪落下……

接下来的歌词我不好意思唱出来，什么"我的好爸爸""我要我要找我爸爸"，一律用"啦啦啦啦"代替了。

我没去找爸爸，我爸爸来找我了。

中午的太阳白晃晃，我坐在田埂上，吃完了白煮蛋，正在剥粽子。我爸骑着自行车，悄无声息地靠近了我。发现得太晚，逃跑已绝无可能。我爸是高中部的老师，对我的动向从来了如指掌。嗯，一定是班主任跟他讲我没去上课，然后卤豆干阿婆泄露了我的行踪。

我爸停了车，倒也不着急。他摸出打火机，半靠半坐在后座上，点了一支烟。

抽了几口，他摁掉烟头，说，走。

我要我要找我爸爸/去到哪里也要找我爸爸/我的好爸爸没找到/若你见到他就劝他回家。

我爸推着车走在前边，我垂头丧气地跟在后面。一路上，谁也不说话。到校门口，他开口了。

我跟你的班主任打过招呼了，说你身体不舒服，请半天假。

我说嗯，低着头往大门里走。他忽然叫住了我。

把钱交出来。

什么？

跟你爷爷要的钱。

十五块钱，相当于三十根雪糕，五十个游戏机铜板，一百五十只甩炮，说没就没了。我欲哭无泪。

我爸有点得意，这点小花招，哼哼，还能瞒过我……期中考到年级前三，我就不告诉你妈。

他抽出那张五块钱扔给我，剩下的十块钱塞进上衣内兜，一甩腿，骑上车走了。

结合文章内容分析，文中的爸爸是个怎样的形象？（4分）

答案：从爸爸很轻易地就找到了我，还有他收了我的钱又扔给我五块钱可以看出，（1分）这个爸爸很懂孩子的心理。（1分）从他帮我在班主任那里请了假，又没有告诉妈妈可以看出，（1分）他还很善于教育孩子，注意维护孩子的自尊。（1分）

📋 分析学生错例

错例1：父亲抓到我没打我，体现他和谐/父亲拿走了爷爷给我的钱，体现他轻松/父亲拿走了爷爷给我的钱，体现他伟大/我没去找父亲，父亲来找我了，体现他关心。

错误分析：这些答案说的根本就不是性格。另外"拿走了钱却伟大"这个回答逻辑上有问题，而"关心"这个回答没有对象，表述不完整。

错例2：父亲给了我五块钱走了，说明他天真、率真/父亲给了我五块钱走了，说明他负责。

错误分析：这些结论都不太符合逻辑。为什么父亲给我五块钱就是天真？答题者可能是想说他作为大人还抢小孩的钱的意思，但没说清楚；为什么给我五块钱就是负责？那么一分钱都不给"我"是不是更负责？答题者没考虑清楚这些问题。

错例 3：父亲来找我，体现出父亲对我的爱/父亲与孩子谈论时，用钱的借口岔开话题，体现了父亲的风趣幽默。

错误分析：这些结论也不符合逻辑。前面的回答中，孩子失踪了，父亲来找孩子，这不是人之常情吗？这样导出"爱"这个结论显得缺乏深度，因为关心子女是正常父母的本能。后一个回答中，从岔开话题这一现象无法得出风趣的结论，再说文中父亲也不是在岔开话题。

错例 4：让我考年级前三就不告诉我妈，体现对我要求严格。

错误分析：这是理解有误，只看到了"让我考前三"，以为是对"我"要求高，没意识到除了"考前三"是对"我"的鞭策，"不告诉我妈"其实是对"我"的保护。

错例 5：父亲不着急地点了一支烟抽，说明他沉着冷静/父亲有点得意，说明他狡猾。

错误分析：都属于用词不当。前者是对"沉着、冷静"这两个词有误解。沉着、冷静一般是指人不慌乱、不冲动，和父亲的慢条斯理和不慌乱不同。后者"狡猾"一词含贬义，用"狡黠"会好一些。与孩子"斗智斗勇"，这更多体现出机智而不是狡猾。

错例 6：父亲帮我编理由给班主任请假，体现他爱孩子/体现他伟大/体现他宽容。

错误分析：这些回答显得大而空，不够准确、具体。这些情节体现了父亲善解人意，维护孩子形象，理解包容孩子。这些肯定是爱孩子的行为，也确实是一种宽容，但需要一步步分析清楚，不能回答得空洞。

错例 7：父亲没直接告诉我妈，说明他慈爱/父亲没责骂我，说明他温柔/父亲收走了我的钱，是个调皮的人/父亲是个坑孩子的人。

错误分析：要考虑归纳出来的特征，是否与作品的主题倾向一致。比如作品是不是想表现一个慈爱的父亲？如果是慈爱，他还拿我"钱"干什么？见了"我"为什么不嘘寒问暖？作品是不是想表现父亲的温柔？（温和可能好些）还有父亲的性格是有些童心未泯，但是用"调皮"来描述就显得肤浅，用"坑孩子"来描述则很不得体。

错例 8：父亲聪明，爱孩子。

错误分析：没有结合文章的具体内容来答题。

错例 9：这是一个风趣搞笑的爸爸，从文章中父亲找我要钱可以看出。

错误分析：只答了其中一点。四分的题至少应该答两点。答题应力求全面，提高得分率。

错例 10：风趣幽默、教子有方、冷静、和蔼。从他抓到我不打骂我、激励我考试、给老师请假、留给我五块钱可以看出。

错误分析：一个例子应对应一个性格特征，逐一对应作答，这样才能显得思维清晰、表述严谨，既有利于得分，也能体现出良好的思维能力和答题水平。

解题建议

1. 记叙文的人物形象，要答的应该是人物的个性品质（如乐观），而不是情感心理（如高兴）。常见的人物性格举例：执着、憨厚、大方、诚实、勤劳、善良、真诚、坚强、勇敢、忠诚、负责等。

2. 有时除了答出人物的个性品质，还要答出人物的身份特征。

3. 人物的品质是从文中什么内容看出来的，常常需要说明。

4. 作品中人物的性格不仅可以通过梳理情节、关注描写而了解到，还要注意提炼的人物性格要与文章的主题和情感倾向有联系，与主题无关的人物性格，往往不需要答题者归纳。

5. 人物描写分为五种，即外貌描写、语言描写、动作描写、心理描写、神态描写。其他关于描写的知识，见题型 5 句子赏析例文 2 的解题建议。

题型 ⑩ 记叙类文本 环境描写

☑ 代表题目

1. 分析文章第三段环境描写的作用。

2. 文章第四段描写了怎样的环境？有什么作用？

3. 文中多次写到……景物，有什么作用？

☑ 常见答题模式

文中描写了……景色，起到了……的作用。

例题

父亲的自行车

曾业桃

①那次回老家，父亲说自行车丢了。"唉，真倒霉，到菜场买菜，一转头自行车就没了。""丢就丢了，再买一辆，又不值多少钱。"我对父亲说。父亲没有吭声、只是神情沮丧，仿佛多年前和我赶集走散的光景一样。

②记忆里，父亲的自行车是在我五六岁时买的。那时，父亲在镇上的供销社上班，母亲在乡下务农。父亲为了方便回家干农活和照看我们，花费半年的工资买了辆凤凰牌自行车。

③有了自行车，我和一起出生的弟弟就有了期盼。日之夕矣，我们坐在门槛上焦急地等待父亲。当我们听到隐隐的铃声，便赛跑一般穿过那打谷场，跨过小桥，朝竹林那边的石子路冲去。

④我们赛跑的原因只是为了能坐在前面的单杠上按铃铛。自然我总是比弟弟跑得快。等到我兴奋地把铃铛按得叮当直响时，弟弟往往才气喘吁吁地赶到。父亲像先前抱我一样把弟弟抱上后座，乐呵呵地推着我们回家。

⑤最快乐的等待在节日里，因为父亲的自行车上比往常多了月饼、糖果之类的东西，它们是那时最美味的食品。铃声还没有响，我和弟弟就每

人手里放一些。我们小心翼翼地往家提，生怕有半点闪失。

⑥记忆里也有不快乐的时光。我和弟弟常常同时生病，而且常常在夜晚。等到忙碌一天的父亲准备休息时，我们便开始发烧。为什么我们的病总在晚上发作？我很不明白。我只记得，父亲把我们一前一后放在车上，急匆匆地往镇卫生院赶，父亲要推六七里路才能到达。有时，月光如水，静静地铺在父亲的背上和自行车的单杠上，显得那么温柔；有时，满天星辰，每一个亮晶晶的星星都在向我们眨眼，似乎是责备我们又惹父亲劳神；有时，夜黑似漆，父亲和自行车在黑暗中一步一步艰难地摸索，而我们常常就在自行车上睡着了。

⑦轮到我们上学，父亲的自行车便成了我、弟弟还有二哥的公交车。父亲便请会木工手艺的二叔在车的后座上加了一块结实的木板。我和二哥坐在后面，弟弟则坐在前面。父亲骑得十分费劲，数九寒冬都会累得满头大汗。若逢雨天，他骑得更吃力，汗水和雨水混在一起，分不出哪是汗水哪是雨水。但无论天气如何，父亲都坚持把我们按时送到学校，从未让我们迟到。

⑧父亲黯然的神情让我想起过去，也许父亲和我一样并不在乎买自行车的钱，在乎的只是逝去的艰难岁月，而我更多了一份对父亲的深深谢意。

文中划线部分的景物描写，有什么作用？（4分）

> **答案**：划线部分描写了父亲在月下送我们去卫生院的场景，（1分）渲染了温馨的氛围，（1分）点明了父亲送儿治病的时间，（1分）突出了父亲送孩子上医院的艰辛，表现了本文父爱的主题。（1分）

📋 分析学生错例

错例1：划线句用了比喻的修辞手法，将月光比作水，将星辰比作眼睛，生动形象地写出了父亲的温柔，表达了父亲对子女的爱。

错误分析：这是句子赏析的答法。分析环境描写的作用应该先描述环境描写的具体内容，再回答作用。同时环境描写的常见作用也该多积累。

错例 2：句子渲染了和谐的氛围，点明了父亲送我们看病的时间，表现了父亲对我们的爱。

错例 3：句子写了夜晚的景物，渲染了温馨的氛围……

错误分析：错例 2 没有交代环境描写的内容，而例 3 则是环境描写的内容交代得不够具体。

错例 4：划线句渲染了气氛，表现了父亲对我们的呵护。

错误分析：渲染了什么气氛，需要具体说明。

错例 5：句子渲染了宁静/黑暗/清冷的氛围……

错误分析：氛围的意思是在周围特定环境中给人强烈感觉的情调。从这个概念来看，要指出的环境给人形成的感觉应该是由环境中的多种事物综合形成的，不是环境中的某个单一事物给人建立的印象，不能因为句段中出现了一次"静"或者"黑"，就把它视为所有事物形成的综合印象。在句段中应该注意发掘多个事物共同指向的、作者反复或集中表达的感觉。划线句有三个分句，第一句提到"静静地"，指向宁静，同时又提到一个感觉：温柔。第二个分句"是星星都在向我们眨眼"，指向的是"可爱"。第三句提到父亲很艰难，我们却睡着了。这里不是单单强调父亲的辛苦，从我们睡着了可以看出，指向的是安详。把父子的状态合在一起看，这是一个舐犊情深的画面，指向的是和谐、温馨。综合三个句子的表意来看，把氛围描述为"温馨"比描述为"宁静、黑暗、清冷"更能体现作者的表达意图。

错例 6：句子渲染了父亲送我们去看病时尽管面临困难但仍坚持的场景。

错误分析：描述了什么场景，渲染了什么氛围，不要将其混为一谈。

错例 7：表现了我们生活环境的艰苦……

错误分析：这种回答源于缺乏生活常识，同时表述又不精确造成的。比如卫生院在六七里外，这是时代和农村条件下的正常情况，谈不上环境艰苦，环境艰苦也不是文章的用意所在，而父亲摸黑推车，可以说他辛苦，也说不上环境艰苦。评论生活条件要结合具体的时代背景和地域生活水平，不能简单地与当下的生活水平相比。

错例 8：句子烘托出父亲的着急/表达出作者对自行车的依赖。

错误分析：文中的"急匆匆"是划线句子的上文，是在划线句子之外的，而在划线部分之内找不到关于"着急"的内容。我们赏析划线的部分，虽然要考虑上下文和文章的主题，但是归纳出来的内容也应该是划线部分所体现的，不能随意扩大，而"依赖自行车"的说法，更是基于题目和全文来说的，也是随意扩大归纳范围的结果。

错例 9：为下文父亲送我们上学做铺垫。

错误分析：父亲送"我们"看病，为什么就为父亲送"我们"上学做铺垫呢？这中间没有必然联系。送"我们"看了病，不一定必然送"我们"上学。

错例 10：写出了父亲送我们上医院的艰苦，表现了父亲对我们的爱，表达了我对父亲的赞颂和感激。

错误分析：这几句回答全是指向父爱的，没有从不同方面说明环境描写的作用，回答应全面、完善。

解题建议

1. 环境描写分为自然环境和社会环境，答题时要注意区分。
2. 回答环境描写题时，原文描写了什么样的环境，一定要先说明白。
3. 环境描写的作用有：
（1）渲染气氛。
（2）烘托人物的心情/展示人物的性格。
（3）为下文做铺垫。
（4）推动情节发展，预示人物命运。
（5）抒发作者的情感/深化或暗示文章中心。
（6）交代事情发生的时间、地点、背景等。

4. 环境描写的作用涉及的内容，如渲染了什么气氛、交代了什么时间、体现了什么中心等，一定要具体说明。

5. 不要盲目地胡乱套用环境描写作用的条目，比如推动情节或者做铺垫，一定要明确原文有没有相应的安排。

6. 环境描写的作用有时不止一种，应概括全面。

题型 ⑪ 记叙类文本 记叙顺序 ————————————●

☑ 代表题目

1. 本文采用了什么记叙顺序？

2. 文章插叙了哪些内容，有什么作用？

☑ 常见答题模式

指出记叙顺序（通常是倒叙/插叙）＋倒叙或插叙的内容＋效果。

例题 1

爱是岁月的书签

包利民

①从家返回的途中，躺在卧铺上，她打开没看完的书，书签静静地夹在那里。拿下书签刚想夹在书的后面，忽然发现书签上有几行字。她一愣，随即心底涌起巨大的感动。

②"孤身在外，遇到选择，不要从利益出发，要从自己内心真正的喜好出发！"

③那是母亲的笔迹。离开家乡这么多年，很少回去，即使偶尔回家，也不再带着一本书。可是，母亲依然记得她夹书签的习惯，依然记得在书签上给她留下温暖的只言片语。

④她从小就喜欢看书。那时常自己制作精美的书签，看到哪一页，便夹在那儿，而母亲第一次在书签上写字，却是她小学四年级时。那时她正看一本《安徒生童话》，那一天正好看到《海的女儿》，回来继续看时，就见到书签上母亲写了一句："如果你是那条美人鱼，你会怎么做？"那个晚上，她想了这个问题许久，她都为自己的想象力而惊讶。

⑤可是，她并没有告诉母亲答案，母亲也没有问她。后来，母亲就常在书签上给她留字，或是提出问题，或是提醒学习，而她，有时也会在书签上写下自己的困惑和疑问，母亲都会及时作答。这成了母女间的默契，

平时说话从不说起这些事，而她也常常更换书签。

⑥读初中时，她迷上了琼瑶的小说，心中对那些童话般的爱情极为向往，少女的心事也因此绮丽多姿，那么多的忧愁、美丽而无奈。甚至有一段时间，她有些喜欢上了班里的一个男生，年少的心里便多了一份牵念。那个晚上，写完作业，她打开那本《我是一片云》，看到书签上有字迹："先成长，先欣赏，再开花，再芬芳。"自从读初中以来，她极少在书签上写下自己的困扰了，而母亲依然能看出她的心事，在最恰当的时间，给予她小小的温暖与帮助。

⑦然后的时光就匆忙起来，学习和繁忙，使得整个高中三年她看书没有以往一年多。常常一本书没看完，便被扔在那里，渐渐遗忘。可是每当想起，重新翻看，依然能看到母亲的话，虽然隔了许久，却是温暖依旧。

⑧大学第一年的寒假，她带了许多书回家，而没看几本，便被偶然发现的一件事扰得心思难静。有时想让心沉入书中的情节以忘忧，却是逐字看去，头脑中没有一丝痕迹。《百年孤独》只看了一小半，虽然每天都拿起，可书签依然在原来的位置。她在书签上写下了无数个"孤独"，那一天终于看到母亲的回话："我们一直在！"

⑨她又换了一枚书签，写下："一切都是真的？"隔了一天，她从外面回来，拿起书时，看到母亲的话："是真的！可一切都在。我们依然，一直，一直在。"久久地凝望着那些字，心里便渐渐释然，是的，一切都在，一直。开学离开时，她拥抱了父亲和母亲，这是以往从没有过的举动，而父母的眼中，也闪烁着晶莹。

⑩然后是恋爱又失恋，沉默的日子里，以书遣怀，自制的书签依然，故乡却千里，再也没有那些字句慰藉无助的心灵。有一次，她给母亲买了件衣服，便把一本书连同夹着的书签一同寄回。过了些天，果然收到母亲寄回的书，书签上熟悉的字让她有要流泪的冲动："记住曾经的美好，走向未知的美好。"

⑪就在这样琐碎的成长中，她渐渐地成熟，也学会了独自去面对。大学毕业后，工作，成家，依然离母亲遥远，看书的时候便越来越少了，而那些温暖的书签，也慢慢沉入时光的湖。只在偶尔的旧梦中重来，一枕旧日的美好时光。这次回家，也是为了散心。无论工作还是生活，都面临着

重大的选择，她一时不知何去何从，而为了聊解途中寂寞，便带上本书，拿起书，就像从前一般，随手做了个书签。

⑫此刻，在火车上，她的心里漾着暖暖的感动，就像少年时一般，而和遥远的从前，却又是不同的心境。大一那年的寒假，她无意间得知，自己不是父母的亲生女儿，从那以后，再看到母亲的字，便多了更深一层的体悟和感激。

⑬回到自己所在城市的那个晚上，她找出收藏了二十年的那些书签，一一摆放在眼前，静静地看，仿佛一道爱的桥梁，从自己的心开始，延伸向那个遥远人儿的心里。

本文属于哪种记叙顺序？请结合文章内容分析其作用。（4分）

> **答案：本文采用了倒叙。（1分）先把故事结局"坐火车回单位"提到开头来写，再按故事的发展顺序，回忆书签一路伴着自己成长的经历。（1分）运用倒叙避免了故事平铺直叙，使故事一波三折，吸引读者。（2分）**

📖 分析学生错例

错例1：本文采用了时间顺序。

错误分析：答题人不清楚记叙顺序的概念。记叙顺序包含顺叙、倒叙、插叙和补叙。

错例2：本文采用了插叙，补充了关于她和母亲在书签上写字的往事。

错误分析：答错了记叙顺序，整道题基本就很难得分了。答插叙的学生，是看到了文章的第3至11段的内容，也就是从她小时候一直到上火车前的内容。但要注意，倒叙是把事情的结果放到前面叙述，而插叙不是。这篇文章明显把坐火车回单位这个发生在后面的事情放在开头了。而且插叙的部分和核心事件不是一件事，而倒叙的部分和核心事件属于一件事。这篇文章全是在写她的经历，没有多出第二件事来，因此不是插叙。另外一般也不会遇到这样大篇幅的内容超过主体部分的插叙部分。

错例3：本文采用了倒序。

错误分析：应该写作"倒叙"，而不是"倒序"。这个字常常容易写错，应该注意。

错例4：本文采用了倒叙。使故事一波三折，吸引读者。

错误分析：需要写出运用了倒叙的具体内容。

错例5：本文采用了倒叙，先写了结局。使故事一波三折，吸引读者。

错误分析：倒叙的内容没有写具体。

错例6：本文采用了倒叙，写出了母亲给女儿在书签上写的话和她们之间的交流。

错误分析：答题人在方法之后写了内容，但这个内容并不是倒叙的内容。

错例7：本文采用了倒叙。一开头写了她在返家途中回忆儿时与母亲通过书签交流的事，使文章不平铺直叙，以吸引读者。

错误分析：这个倒叙的内容也没说完整。要讲倒叙的内容，要么就讲清楚把什么结果放在了开头，这个回答没有交代文章开头的内容是结果；要么就要交代文章先讲了什么，然后讲了什么。错例中倒叙的内容只讲了一半。

错例8：文中倒叙突出了中心，表达了女儿对母亲的感激和思念之情，烘托了母亲的伟岸形象。

错误分析：这些作用都不是文中倒叙的作用。倒叙的一般作用应该记一记，参见本节的解题建议。

错例 9：文中采用倒叙，使文章结构更丰富。

错误分析：这个作用也没有讲清楚。"结构更丰富"是什么意思，什么内容会使结构更丰富，结构更丰富会进一步带来什么效果，需要具体说一说。

解题建议

1. 记叙的顺序常见的有顺叙、倒叙和插叙，其中常考的是倒叙和插叙。

2. 顺叙就是按照事情发生、发展时间的先后顺序来进行叙述的方法。倒叙就是文章开头先叙述事件的结局或重要片段，然后再按事情原本的发展顺序从头进行叙述的方法。插叙就是在叙述中心事件过程中，暂时中断叙述，插入讲述一段其他事件的叙述方法。

3. 倒叙的常见作用有：①突出中心；②制造悬念，吸引读者；③对比鲜明；④避免平铺直叙，使情节跌宕起伏，结构富于变化。

4. 插叙的常见作用有：①突出中心；②补充交代或说明相关内容；③照应前文或为下文做铺垫；④突出人物形象；⑤避免平铺直叙，使结构富于变化，增加可读性。

例题 2

孝　猴

吕保军

①古壮乡崇左村，住着个热心肠的叶婆婆，她粗通医理，能为乡邻治跌打损伤，平时摊上谁家有红白事需要帮忙，叶婆婆总是第一个到达。

②这天，叶婆婆帮乡邻忙完一场白事，刚想回家歇息，忽见有人跑来说："不好了，出殡队伍遭到猴子袭击了！"原来，全身缟素的出殡队伍正往山里走，突然从山坳里窜出一群猴子，冲上来就撕扯孝服孝巾，把孝子贤孙们的脸和手臂都抓破了。送殡的人们不得不暂停躲避，直到泼猴们闹腾够了才上路。

③"造孽呀！"叶婆婆听了连声感叹。

④第二天清晨，叶婆婆就背着药篓进山了。刚走进山坳口，迎面跑来一只小猴子，望见是叶婆婆，吱吱尖叫了几声，掉头就跑没影了。不一会儿，小猴子拉着一公一母两只大猴子回来了，猴子一家三口扑倒在叶婆婆脚下，纳头便拜。原来，上个月叶婆婆进山采药草，遇到这只小猴子跌断了腿，便主动上前为它医治。在叶婆婆眼里，这些顽皮的猴子就像自己的孩子，虽然淘气却不失可爱。有时，她会带些苞米棒子、花生之类的，故意丢在猴子出没的地方，哪曾想猴子吃完之后，竟摘了些山桃野果悄悄放进她的背篓里。谁说异类不可教化？猴子也懂得人情往来呢。

⑤叶婆婆看到猴子全家对自己感恩，不禁欣慰地伸出手去，摩挲着猴子的头，就像拍抚着儿孙的脑袋。这时候，又有无数只猴子围上来，撒娇似的冲叶婆婆叫着闹着，乱作一团。有的猴子头上还顶着昨天抢来的白孝巾，模样滑稽得很。叶婆婆笑着说："好啦好啦，我的乖孩儿们，以后不许再抢人家的孝衣啦！都要听婆婆的话，婆婆自然会疼你们的，明白吗？"说也奇怪，这些猴子似乎听懂了她劝诫的话，此后果真一次也没再骚扰过送殡队伍。

⑥叶婆婆更高兴了，出入大山也更勤了。每天在地里采药草的时候有群猴做伴，累了歇息的时候就顺便为它们一一检查伤病，更多时候，叶婆婆也会情不自禁地把隐埋心底的那些孤寂愁烦，一股脑儿全都倾诉给猴崽子们听。一位老人与一群猴子，相处得非常融洽。

⑦后来，叶婆婆生病了，好多天没进山。有几只胆大些的猴子，竟然跑到叶婆婆家里来了。邻居们见猴子进村，还以为它们要祸害庄稼，没承想这些猴子根本没有到处乱跑，只在叶婆婆家里进进出出。好奇的人们隔着窗棂往里一瞅，好家伙！猴子们不但为叶婆婆端茶倒水，还有的正为她干杂活呢。当它们察觉到有围观者在指指点点的时候，霎时像个害羞的小孩子，屁股一扭一扭地跑远了。

⑧十多天后，叶婆婆的病情骤然加重。好心的邻居们纷纷前来，为她抓药熬药、陪她聊天解闷。忽然之间，只听窗外由远而近，传来了一阵吱吱哇哇的叫声。邻居们打开房门，一下子惊呆了：只见院里站满了大大小小的猴子，每只猴子的手上，都捧着一大把药草。它们一见房门打开了，都齐刷刷地将药草投掷了进来，地上霎时堆起了一座小山。病床上的叶婆

婆感激得满脸是泪，她多想伸出手去，再抚摸一下这群可爱的猴崽子，她那虚弱至极的身子似乎想往起挣，努力地往起挣……所有的猴子都无限悲伤地吱吱尖叫着，一个个急得抓耳挠腮，上蹿下跳个不休。这场面，这情景，在场的人没有一个不落泪的。

⑨这天半夜，叶婆婆悄然走了。天亮后，赶来送葬的村民们惊讶地发现，院里的猴子或蹲或趴，全都出奇安静地守在那儿，竟然一只都没走。只不过，仿佛一夜之间，它们头上的毛发全变白了，仿佛个个头上都顶着一方孝巾。

⑩每个人都在感慨：你们看，猴子多么有情有义呀！它们莫不是在为叶婆婆戴孝吗？

⑪从此，人们都管这群猴子叫"白头叶猴"。

选文第四段采用了什么写法？这样安排在全文中起什么作用？（4分）

> **答案：** 第四段运用了插叙。（1分）讲述了叶婆婆对小猴子的救治及与猴群的往来，（1分）交代了猴子一家纳头便拜的原因，（1分）为下文猴子听叶婆婆话、照顾孝顺叶婆婆等情节做铺垫。（1分）

📖 分析学生错例

错例1：本文采用了倒叙/顺叙/补叙。

错误分析：文章肯定不是倒叙，倒叙是把事情的结果放前面，而这件事情的结果——猴子戴孝没有放在前面。也不会是顺叙，叶婆婆救猴肯定发生在出殡队伍遭袭击以前，但是文章中却放在了遭袭击以后。至于补叙，是指在叙述完事情以后，再补充叙述事情的结尾或相关的内容。而第四段显然是事情没有叙述完。所以回答的三种答案都不对。

错例2：用了记叙的写法。

错误分析：记叙是一种表达方式，它不是记叙顺序。

错例3：用了插叙。交代了猴子一家纳头便拜的原因，为下文猴子听叶婆婆话做铺垫。

错误分析：应该交代插叙的内容。

错例4：用了插叙，讲了叶婆婆和猴子之间的故事。

错误分析：叶婆婆和猴子之间有什么故事，应该具体交代清楚。

错例5：用了插叙。讲述了叶婆婆对小猴子的救治，为下文猴子们听话、感谢做铺垫。

错误分析：效果只答了一种。应从多个角度去推敲，使答案更全面，提高得分率。

错例6：为下文做铺垫。

错误分析：为下文什么内容做铺垫，也要答出来。

错例7：为下文埋下了伏笔。

错误分析：伏笔又叫暗合，是前文不明说，只留下暗示，后文再揭晓。第四段叶婆婆救助猴子的行为，都是明说的，一点儿不存在暗示，因此不能叫伏笔。

错例8：深化主题，表达作者对叶婆婆的敬佩/推动情节/衬托中心事件。

错误分析：这都是第四段插叙没有起到的效果。文章主题是善有善报，在第四段这个主题并没有得到提升。此段开始讲叶婆婆进山，就算没有这段插叙，也肯定会讲进山后发生的事情，本段没有对情节起到推动作用。衬托是指用类似的事物或反面的、有差别的事物做陪衬，突出主要事物的表现手法。插叙的事件交代了猴子听话的原因，但没有看出对中心事情起了衬托作用。

错例9：插叙部分表现了叶婆婆的善良。

错误分析：这个回答其实是有道理的，就看阅卷老师是否给分了。

解题建议

1. 倒叙的部分和核心事件是一件事，插叙的部分和核心事件不是一件事。倒叙是把事情的结果放前面，而插叙并不是把事情的结果放在前面讲述。

2. 判断了记叙的顺序后，运用了该叙述顺序的内容也应具体指出来。列出的记叙顺序与作用要匹配，作用也要结合内容讲具体。

题型 12 记叙类文本 写作手法 ─────────────●

☑ **代表题目**

1. 本文运用了什么写作手法？有什么作用？
2. 请从表现手法的角度赏析文章的最后三段。
3. 设置悬念是本文的一大特色，请找出一处分析其作用。

☑ **常见答题模式**

指出写作手法＋运用写作手法的内容＋产生的效果（表达的情感或中心）。

例题 1

夏天的一条街道
苏 童

①在阴雨天气里，期待明媚的夏天。

②街上水果店的柜台是比较特别的，它们做成一个斜面，用木条隔成几个大小相同的框子，一些瘦小的桃子、一些青绿色的酸苹果躺在里面，就像躺在荒凉的山坡上。水果店的女店员是一个和善的长相清秀的年轻姑娘，她总是安静地守着她的岗位，但是谁会因为她人好就跑到水果店去买那些难以入口的水果呢？人们因此习惯性地忽略了水果在夏季里的意义，他们经过寂寞的水果店和寂寞的女店员，去的是桥边的糖果店。糖果店的三个中年妇女一年四季在柜台后面吵吵嚷嚷的，对人的态度也很蛮横，其中一个妇女的眉角上有一个难看的刀疤。孩子走进去时其中一个用沙哑的声音问："买什么？"那个"刀疤"就也张大了嘴问："买什么？"但即使这样，糖果店在夏天仍然是孩子们热爱的地方。

③糖果店的冷饮柜已经使用多年，每到夏季它就发出隆隆的欢叫声。一块黑板放在冷饮柜上，上面写着冷饮品种和价格：赤豆棒冰四分，奶油棒冰五分，冰砖一角，汽水（不连瓶）八分。女店员在夏季一次次怒气冲

冲地打开冷饮机的盖子，掀掉一块棉垫子，孩子就伸出脑袋去看棉垫子下面排放得整整齐齐的冷饮。他们会看见赤豆棒冰已经寥寥无几，奶油棒冰和冰砖却剩下很多，它们令人艳羡地躲避着炎热，待在冰冷的雾气里。孩子也能理解这种现象，并不是奶油棒冰和冰砖不受欢迎，主要是它们的价格贵了几分钱。

④孩子小心地揭开棒冰纸的一角，看棒冰的赤豆是否很多，便挨了女店员的一通训斥，她说："看什么看？都是机器做出来的，谁还存心欺负你？一天到晚就知道吃棒冰，吃棒冰，吃得肚子都结冰！"孩子嘴里吮着一根棒冰，手里拿着一个饭盒，在炎热的午后的街道上拼命奔跑。饭盒里的棒冰"哐哐"地撞击着，毒辣的阳光威胁着棒冰脆弱的生命，所以孩子知道要尽快地跑回家，好让家里人享受到一种完整的冰冷的快乐。

⑤最炎热的日子里，整个街道的麻石路面蒸腾着热气。人在街上走，感觉到塑料凉鞋下面的路快要燃烧了，手碰到路边的房屋墙壁，墙也是热的。人在街上走，怀疑世上的人们都被热晕了，灼热的空气中有一种类似喘息的声音，若有若无的，飘荡在耳边。饶舌的、嗓音洪亮的、无事生非的居民们都闭上了嘴巴，他们躺在竹躺椅上与炎热做斗争，因为炎热而忘了文明礼貌，一味地追求通风。他们四仰八叉地躺在面向大街的门边，张着大嘴巴打着时断时续的呼噜，手里的扇子掉在地上也不知道。有线广播一如既往地开着，说评弹的艺人字正腔圆，又说到了武松醉打蒋门神的精彩部分，可他们仍然呼呼地睡着。

⑥太阳落山在夏季是那么艰难，但它毕竟是要落山的。放暑假的孩子关注太阳的动静，只是为了不失时机地早早跳到护城河里，享受夏季赐予的最大的快乐。黄昏时分驶过河面的各类船只小心谨慎，因为在这种时候，整个城市的码头、房顶、窗户和门洞里，都有可能有个男孩大叫一声，纵身跳进河水中。他们甚至要小心河面上漂浮的那些西瓜皮，因为有的西瓜皮是在河中游泳的孩子的泳帽，那些讨厌的孩子，他们头顶着半个西瓜皮，去抓来往船只的锚链。他们玩水还很爱惜力气，他们要求船家把他们带到河的上游或者下游去。

⑦于是站在石埠上洗涮的母亲们看到了她们最担心的情景：她们的孩子手抓船锚，跟着驳船在河面上乘风破浪，一会儿就看不见了，母亲们喊破了嗓子，又有什么用？夜晚来临，人们把街道当成了露天的食堂，许多

人家把晚餐的桌子搬到了街边，大人孩子坐在街上，嘴里塞满了食物，看着晚归的人们骑着自行车从自己身边经过。

⑧天色渐渐地黑了，居民们几乎都在街上。有的人家切开了西瓜，一家人的脑袋围拢在一只破脸盆上方，大家有秩序地向脸盆里吐出瓜子。有的人家的饭桌迟迟不撤，因为孩子还没回来；后来孩子回来了，身上湿漉漉的。恼怒的父亲问儿子："去哪儿了？"孩子不耐烦地说："游泳啊，你不是知道的吗？"父亲就瞪着儿子处在发育中的身体，说："吊船吊到哪儿去了？"儿子说："里口。"

⑨父亲的眼珠子愤怒得快爆出来了："让你不要吊船你又吊船，你找死啊？"就这样，当父亲的在街上赏了儿子一记响亮的耳光，左右邻居自然地围过来了。一些声音很愤怒，一些声音不知所云，一些声音语重心长，一些声音带着哀怨的哭腔，它们不可避免地交织起来，喧嚣起来，即使很远的地方也能听见这样丰富、浑厚的声音。于是有人向这边匆匆跑来，有人手里还端着饭碗，他们这样跑着，炎热的夏季便在夜晚找到了它的生机。

请赏析文章第二自然段使用的表现手法。（4分）

答案：本段使用了对比的写作手法。（1分）用和善、清秀的水果店店员与糖果店店员作对比（1分），反衬出桥头糖果店店员态度恶劣、蛮横（1分），但孩子们仍然爱去糖果店，突出了孩子们在炎热的夏天对棒冰的渴望（1分）。（也可以写两个店生意的冷清与兴隆作对比）

分析学生错例

错例 1：本段采用了顺叙/描写。

错误分析：表现手法，又称写作手法。具体有哪些写作手法需要背一背，参见后文解题建议1。

错例 2：本段采用了欲扬先抑的写法。

错误分析：欲扬先抑的写法一般是用于篇章，极少用于段落。段落通常较短，难以容纳"欲扬先抑"的完整结构。段落通常要求直接、简洁地表达一个观点或描述一个场景，而"欲扬先抑"需要先通过贬低或否定来衬托后面的肯定，在段落中运用"欲扬先抑"会显得突兀或不自然。

错例 3：用了对比的写法，即使水果店店员更好一些，孩子们还是喜欢糖果店。

错例 4：用了对比的写法，将糖果店与水果店作比较。

错误分析：都是对比的内容没说清楚。水果店店员的什么好一些，是长相、是心地、还是态度呢？将糖果店和水果店的什么作比较，都需要讲清楚。

错例 5：用了衬托的写法，用水果店的冷清，突出了夏天时糖果店受孩子们的欢迎。

错误分析：无论是对比还是衬托，都需要用上两个事物，用其中一个来对比或衬托另一个。因此，用水果店的冷清衬托了什么，需要讲出来（比如糖果店的热闹）。

错例 6：将女店员的冷淡与妇女的蛮横作对比。

错误分析：对比是把两个相反、相对的事物或同一事物相反、相对的两个方面放在一起比较。错例中"冷淡"是讲热情与否，"蛮横"是讲温柔与否，两者都不在同一个层面上，因此无法进行对比。

错例 7：把水果店店员的和善与糖果店店员的蛮横作对比，虽然水果店店员脾气更好，但孩子们还是更喜欢糖果店。

错误分析：对比的目的是突出对象的某一特征，使对象的形象更鲜明、读者的感受更强烈，因此在回答中的"虽然"之前应加上"突出了"几个字。

错例 8：对比体现了冰棍的美味/突出了两家店不同的风格/突出了人们更注重内在的品质/突出了糖果店店员的蛮横/突出了糖果店的热闹。

错误分析：在描述对比的效果目的的时候，以上的表述都没回答到位。本文是对夏日风情的体现和时光碎影的咏叹，冰棍的美味、两家店不同的风格、人们注重内在品质都与写作目的无关。本段对比的目的是写出糖果店受欢迎，而糖果店店员的蛮横、糖果店的热闹，都是对比的内容，不宜作为对比的效果和目的。

错例 9：突出了作者对糖果店的喜爱。

错误分析：文段描述喜爱糖果店的是孩子们，不是作者。因此这个表述不正确。

解题建议

1. 常见的写作手法及作用：

（1）借物喻人：描写事物，突出其特点，并以此设喻，表现人物的性格、思想。它可以使文章立意更深远，表情达意更含蓄，能增强文章的表现力和感染力。

（2）借景抒情：通过描写具体生动的自然景象或生活场景，表达作者真挚的思想感情。采用这种方法，能增强作品的感染力，更强烈或更含蓄地表达作者的思想感情。

（3）托物言志：通过把具体事物人格化，借以表现作者高尚的思想情操和志向主张。作者的个人之"志"，借助于这个具体之"物"，表达得更巧妙、完美、充分、富有感染力。

（4）象征：通过某一特点的具体形象，表达某种人和某种社会现象在精神上的本质特点，使所要表达的意思更为含蓄、深刻。

（5）对比：把两种对应的事物对照比较，使形象更鲜明，感受更强烈。

（6）衬托：以他体从正面、反面两个角度陪衬本体，突出本体的主要特征。运用衬托手法能突出主体，或渲染主体，使之形象鲜明，给人以深刻的感受。

（7）烘托：写作时先侧面描写，然后再引出主题，使所表现的事物鲜明突出。

（8）设置悬念：是在文章的某一部分设置一个疑问或矛盾冲突，以造成读者某种急切期待和热烈关心的心理的一种写法。作用有使情节环环相扣、文章情节曲折生动、突出文章主旨或人物形象、激发读者阅读兴趣，以达到震撼人心的效果。

（9）伏笔：指文学作品中对后文将要出现的内容预先做出提示或暗示，使内容前后照应，情节完整、紧凑。

（10）铺垫：为后续内容的展开而提前进行的准备性描述或渲染，涉及对次要元素的详细描述，以烘托、引出主要内容，增强故事的连贯性和吸引力。

（11）照应：常见的照应方式包括首尾照应、前后照应和文题照应。旨在使文章内容互相关照与呼应，以达到文章气血贯通、脉络清晰的效果；使文章的结构更加严谨，内容衔接更加紧凑，能够突出文章的中心思想。

（12）欲扬先抑：先否定或贬低某事物的形象，然后深入挖掘该事物的特点及内在意义，再对该事物予以肯定、褒扬。用这种方法使得情节多变，波澜起伏，对比鲜明，并使读者在阅读过程中能产生恍然大悟的感觉，并留下比较深刻的印象。

（13）拟人化：将拟人用于篇章的写作手法。将人类以外的各种有生命的、无生命的、有形的、无形的一切事物人格化，使它们具有人的思想感情、行为举止、言语表现。拟人化手法容易拉近与读者的距离，便于与读者直接交流。

2. 运用了写作手法的内容应具体指出，不宜过于简略。

3. 陈述的方法、内容与效果要匹配。"效果"部分要写详细，以符合文章所要表达的主要意图。

例题 2

丁 香 花

杨　明

①初识丁香花，是在废品站里。少年时代的我和家长去废品站卖废品，在废纸堆里我发现了一本品相还不算残缺的书，便抽出来翻看，废品站老板挥挥手说：拿去吧，送你了。

②那是一本园艺学的专业书籍。书中有一段这样写道：丁香花是木樨

科丁香属落叶灌木，属于著名的庭园花木，开花繁茂，花色淡雅，习性强健，栽培简易，因而在园林中广泛栽培应用。丁香花是雅俗共赏的观赏植物，开时芬芳满目，清香远溢。露植在庭院、园圃，用盆栽摆设在书室、厅堂，都会令人感到风采秀丽，清艳宜人。

③二识丁香花，是在收音机里，听陈涌泉先生的单口相声，说到乾隆皇帝和刘墉赌赛对联，乾隆出了个上联：冰凉酒，一点二点三点。陈涌泉先生说，这个上联出得有相当的难度，抢了先机，你要是再对四点五点六点什么就不新鲜了。刘墉不慌不忙地给乾隆叩了个头，说："皇上，臣给您对：丁香花，百头千头万头。"呵呵，这个"百头千头万头"实在令人豁然开朗。丁是百字头，香的上半部是千字头，花在上半部，是繁体字万字的头，正和行书体"冰"字的那一点遥相呼应，异曲同工。"百头千头万头"不但写意而且烘形，让我不由自主地去回想，丁香树在哪儿？它开花时到底是什么样子来着？

④我十八岁那年跌入了一生的一个低谷。我学业优良，高中毕业时踌躇满志地准备选择一所自己称心的高等学府。那是在 1985 年，高校招生体检标准上明确规定患有几种病症者不能投考任何高校，其中一种是重度失聪，两米内听不见耳语。这一条正是为我量身打造的，我完全符合标准。我眼巴巴地看着同学们纷纷从我身旁经过走进考场，明白了唐代刘禹锡为什么写了那两句诗"沉舟侧畔千帆过，病树前头万木春"。我根本听不清同学们轻快自信的脚步声，只能在模糊记忆里搜索幼时的一场高烧，击退了我高烧的同时摧毁了我听力的注射药物——双氢链霉素。我眼睁睁地看着同学们考完一科后，有的兴奋、有的紧张、有的沮丧地从考场出来，我嘴里充溢着药液的苦味。

⑤我当了铁路工务段的一名筑路工人。施工现场在千米外的戈壁滩上，每天坐着火车哐当哐当地跑出去，再哐当哐当地跑回来，日不出而作，日落也不息。

⑤深夜里，我拎着空饭盒儿从火车上下来，先走大马路后钻深胡同，快看到家门时，我先看到了它，丁香树。原来它长在这里，深胡同里的路灯下，原来它开放在这时，春天里。无从考查谁种下了它，却生长得如此恰到好处，眼前浮现出陈涌泉先生那滑稽好玩的脸，乾隆先生那威仪天下的尊容，刘墉先生那高深莫测的锅背，呵呵地笑了。

⑦放下饭盒坐在丁香树下的马路牙子上，把疲惫不堪的身体在花香馥郁中熨帖开来，自然是一种惬意，也带来了浅浅的心酸。少年初识愁滋味，我发现丁香花是一种说话声音不高也不怎么争抢话头的花。它甚至不爱说话。春天是个绚丽的季节，然而又乍暖还寒、阴晴不定，急着报春的花枝往往最易落入风尘。人生是美好的，然而人这一生有多少悲欢需要我们去面对？我偶尔抬头望望开成了紫色的树冠，它在微风里微微摇摆。它不看我，我不问它什么，它也没回答我什么。我不说话，它也不说话。它也许在和风说话，我也听不清楚它们在聊什么。我只想这样在花树下坐着，没有理由地一直坐下去，我只想沉浸其中……

⑧我无意中养成了这个的习惯，无论时光让我走到哪里，每逢春夜，丁香的花期里，我总要在路灯和树影下，停一停。

本文运用了什么写作手法？请简要分析其作用。（4分）

> **答案：**运用了托物言志的手法，（1分）通过写丁香花的繁盛和不爱说话、不争抢，（1分）写出了作者对丁香花高洁品质的赞美，（1分）表达了作者希望学习丁香花不争不抢、面对困难淡然处之的愿望（1分）。

📖 分析学生错例

错例1：本文采用了借物喻人/借景抒情/欲扬先抑。

错误分析：根据题型建议可知，借物喻人喻的是别人，托物言志表达的是自己的志向意愿，而本文说的显然是自己，因此不是借物喻人。借景抒情抒的是情感，托物言志言的是志向，本文主要表达的是作者的心志主张，因此不是借景抒情。而且借景抒情借的是自然景象，更接近于"环境"；托物言志托的是具体的某一种事物。文中集中笔力把丁香花当作写作对象在写，而不是描述包括丁香花在内的环境，因此不应被视作借景抒情，本文的写作对象是丁香花，文中没有对丁香花有过贬抑，因此也谈不上"欲扬先抑"。有学生把作者年轻时遭遇人生低谷当作"欲扬先抑"是不正确的，因为作者既不是文章的直接描写对象，遭遇人生的挫折也谈不上是对人物的"贬"。

错例 2：运用了托物言志的手法，通过描写丁香花，表明作者……的主张。

错误分析：运用了写作手法的内容应表述清楚。

错例 3：运用了托物言志，写出了丁香花开花繁茂、花色淡雅、习性强健、栽培简易、清艳宜人……

错误分析：托物言志言的是"志"，应该是精神层面的内容，而这个回答的内容部分主要在写丁香的形态特征，没有侧重于精神层面的内容。

错例 4：运用了托物言志，告诉我们要不争不抢，不畏挫折/突出自己与丁香花结缘、走出低谷的主题。

错误分析：托物言志的目的是表达自己的志向意愿，在上述回答中这个目的没有得到强调。

错例 5：表达了作者忧愁和迷茫的情感/抒发了作者心中不平的心情/表达了作者像丁香花一样默默无闻和内心的辛酸苦闷。

错误分析：托物言志谈的是"志"而不是"情"，忧愁迷茫、不平苦闷也不是文章想表达的重点。

错例 6：运用了托物言志，写出了丁香花的高雅，表现了作者不畏困难、坚强不屈。

错误分析：托物言志的"志"，需要抓准。本文描绘丁香花的侧重点，是不争不抢，面对困难淡然处之，不是它的高雅。作者在文中主张的精神品质，也不是单纯的不畏困难。

错例 7：表现了作者像丁香花一样高洁的品质/体现出作者对人生的感慨。

错误分析：什么品质，怎样的感慨，没有讲清楚。

错例 8：运用了托物言志的手法，通过写丁香花的不争不抢，写出了作者与世无争的品质。

错误分析：运用托物言志的目的、效果没有答全，应多答几点，力求完善。

解题建议

1. 借物喻人和借景抒情的区别：借物喻人借的是具体事物，借景抒情借的一定是景物。借物喻人要用到"喻"，而借景抒情不用比喻。借物喻人是表现人的品格或行为，借景抒情是为了表达情感。

2. 借景抒情和托物言志的区别：借景抒情借的是景，托物言志托的是具体的事物。借景抒情的目的在于表达情感，托物言志的目的在于表达作者的志向和意愿。

3. 借物喻人和托物言志的区别：借物喻人必须有比喻，而托物言志则不用比喻，直接将某物赋予人的思想、感情、观点。从对象上看，托物言志是表达作者自己的志向和意愿，借物喻人比喻的是人。

4. 对比和衬托的区别：构成对比的双方没有主次之分，而构成衬托的双方有主次之分，次要部分对主要部分起陪衬作用。对比可以是不同事物的同一个方面作比较，也可以是同一事物的不同方面作比较。

5. 烘托和衬托的区别：烘托需要通过侧面描写写其他事物，来暗示想要表现的事物，因此一般只会详细描写一个事物（其他事物），而衬托需要详细描写两个事物的优点或缺点，其中一个是要表现的主体，另一个则作为陪衬。

6. 伏笔和悬念的区别：伏笔是开始不明说，后面让人恍然大悟，而悬念从一开始就让读者产生疑问或危机感，扣人心弦。

7. 伏笔和铺垫的区别：伏笔是为下文做暗示，着墨不多或不明显，不注意便看不出来；铺垫是为下文打基础、创造条件，因此着墨较多，常常需要铺陈。伏笔离下文的"点"有距离，有时到文末才揭晓；铺垫通常在事件发生前不久使用，为即将发生的情节服务。

8. 伏笔与照应的区别：伏笔是上文为下文做暗示，照应是下文和上文有呼应。

题型 ⑬ 记叙类文本 表达方式

☑ 代表题目

1. 第三段划线句子运用了什么表达方式？寄寓了作者怎样的情感？

2. 最后一段议论句/抒情句的作用是什么？

☑ 常见答题模式

指出表达方式＋运用表达方式的内容＋产生的效果和作用。

例题

"民兵"父亲的勋章

徐立新

①同学的家长，有的是警官，有的则是军官，而自己的父亲却只是一名"民兵"，这让哈特觉得很失落、甚至自卑。

②父亲曾告诉过哈特，作为一个军人，他一直渴望为国效命、为民效力。毕业于本宁堡步兵军官学院的他，在二战后期，本来要率领一支队伍进攻日本，可美国空军突然在日本投下了两颗原子弹，结果他没去成，最后退役回到家中。

③之后，父亲一边开着一家杂货铺，一边参加新泽西州国民警卫队，成为一名"民兵"。

④哈特 14 岁那年，纽瓦克发生了暴乱，当地警方控制局面有些吃力，新泽西国民警卫队被要求去火速增援。临走前，作为领队的父亲轻松地对哈特说："一小撮破坏分子而已，我能轻松搞定。"

⑤果然，很快，暴乱便被平定了下来，当被哈特问及有没有跟暴乱分子面对面地交火时，父亲露出一脸的不屑："那些家伙，都是一群胆小鬼，看见我和队友站在敞篷吉普车上荷枪实弹的威武模样，很快便吓得投降了。"

⑥哈特失望极了，他本来计划要将父亲穿梭在硝烟弥漫的街头，跟暴乱分子火拼的故事讲给同学们听，哪怕父亲只打了一枪，他也可以添油加

醋地将其渲染一番，以彻底颠覆父亲在同学们的眼中只是一个"民兵"的形象，可是……

⑦"唉，多好的机会呀。"哈特长长地叹了口气道，"看来，您注定一辈子只能做一个默默无闻的小民兵，不可能再有什么轰轰烈烈的战绩和功勋了。"

⑧哈特34岁时，父亲因病永远离开了他。在追悼会上，他将父亲生前的许多照片和遗物都一一陈列了出来。追悼会快要结束时，突然来了一大批人，他们都是父亲生前在国民警卫队的老战友。

⑨有一个叫希尔的"中士"把哈特拉到一旁，疑惑地问："你爸的那枚'国民警卫队嘉奖勋章'为何没摆放出来？那可是他生前冒着牺牲的危险得来的。"

⑩"什么勋章？"哈特疑惑地回应道，"我从来都没见过，父亲也从未跟我提过。"

⑪"是吗？那你还记得20年前发生的纽瓦克暴乱事件吧，你的父亲是当时最勇敢和出色的战士。"希尔说。

⑫"我们被召集到一座楼房的前面。"希尔开始娓娓道来，"新泽西的警察已经架好了十多挺机枪。"

⑬"一名高级警官说我们的任务就是攻下它，所有的武器——子弹、手榴弹、催泪弹都给打出去。"

⑭"但你父亲不同意那样做，他说，如果据点里有无辜的百姓呢？"

⑮"你父亲说，'给我五分钟，然后再进攻，算我求您了。'"

⑯那名警官同意了，于是，你父亲猫着身子朝楼房一步步地走去。那是需要多大的勇气呀，楼房里的冷枪随时可以打中你父亲，让他永远都见不到你了。好在，没有人开枪，你父亲来到楼房门前，对着里面说："我是国民自卫队的，我来领你们去安全的地方。门开了，二十七八名黑人中学生从里面跑了出来，他们浑身哆嗦，哭哭啼啼，你父亲伸出双手安抚他们，并带他们离开。"

⑰"后来我们才得知隐匿在楼房里的暴乱分子看到国民警卫队赶来了，便立即从一个暗道里逃跑了，如果当时发动进攻，后果不堪设想，是你父亲让二十多个孩子免于被误杀或误伤，他因此获得一枚代表着荣耀的'国民警卫队嘉奖勋章'。"

⑱回到家中，哈特在一个废旧纸箱的最底层终于找到了那枚落满灰尘

的勋章，他的眼睛湿润了。他想，父亲即使被授予国家最高军事勋章——"荣誉勋章"也不为过，因为还有什么比冒着自己的生命危险，主动去营救非亲非故的他人性命更勇敢的事？

⑲尽量去做有益于他人的事、不要在乎外界的眼光，如果成功了，也不要去宣扬，要保持内敛和低调，哈特突然明白了父亲藏起勋章的原因。

文章最后一段运用了什么表达方式？有怎样的作用？（4分）

> **答案：**文章最后一段，通过议论的表达方式，（1分）交代了父亲藏勋章的原因，（1分）起到了点题的作用，（1分）突出了父亲做事不张扬，做人低调的品格。（1分）

🔖 分析学生错例

错例1：采用了直抒胸臆/对比的表达方式。

错误分析：直抒胸臆是写作手法，对比是修辞手法，都不属于表达方式。

错例2：用了抒情……

错误分析：抒情是直接或间接地抒发内心感情的一种表达方式。文中最后一段的文字并没有涉及感情，而是对父亲行为的评论，而这种评析、论理的表达方式，叫议论。

错例3：用了夹叙夹议……

错误分析：首先，夹叙夹议是一种写作手法。在叙述某一件事的同时，对这件事进行分析和评论。使用这种写作手法的好处在于笔法灵活多变，通过叙述和议论的交互穿插，能够具体地记叙事件、充分地抒发感情、直接揭示所写对象的意义。

记叙就是叙述，这倒是一种表达方式，指作者对人物的经历和事件的发展变化过程以及场景、空间的转换所作的陈述和交代。文中最后一段并没有记叙的内容。

　　错例 4：本文交代了父亲藏勋章的原因，起到了点题的作用，赞美了父亲低调的品格。

　　错误分析：这个答案没有答"运用了什么表达方式"，只是答了"有怎样的作用"，应全面回答问题。

　　错例 5：写出了不要张扬的品质/表达了本文的中心思想，做人要低调/阐述了不要在意别人的眼光。

　　错误分析：最后一段是对父亲的评论，注意在陈述效果的时候要指向父亲。

　　错例 6：起了总结全文的作用。

　　错误分析：这个回答尽管答案中没有，但这个答案本身没有错，只是答到的点太少了，不能覆盖得分点。

解题建议

　　1. 注意不要将表达方式误作修辞手法或表现方式。

　　2. 表达方式包含记叙、描写、抒情、议论和说明。

　　3. 注意分析题目要求的范围是全文还是句段。

　　4. 分析表达方式的作用，一般是从对情感、主题的作用或对语言效果的作用进行分析（如描写使内容更生动具体，议论则深刻地揭示了某种道理）。

题型 **14** 说明类文本 说明对象及特征

☑ 代表题目

1. 指出本文的说明对象。

2. 本文的说明对象是什么？它具备怎样的特征？

3. 这篇说明文中的某事物具备哪些特点？

☑ 常见答题模式

说明对象＋主要特征。

例题

为什么海鸥喜欢跟着轮船飞

蔺亚丁

①轮船在大海上行驶的时候，常常看到海鸥就像老朋友一样地追逐着轮船，似乎不舍得轮船的远行，为什么海鸥对轮船如此依恋呢？

②伴着轮船飞行其实是海鸥的聪明之处，轮船在向前航行的时候会遇到阻力，阻力会产生强大的向上的气流，海鸥就跟在轮船的后面，借助着这种强大的上升气流将身体托起来，不但不用拼命地拍打翅膀，还能够轻而易举地飞翔起来。这样看来，海鸥是不是很聪明，也很会偷懒呢？

③除了借助着轮船的气流飞翔，轮船在航行的时候会激起很多的水花，在水底栖息的小鱼、小虾会被破浪前进的轮船激起的浪花打得晕头转向，漂浮在水面上。海鸥是一种视力极强的鸟类，它可以很轻松地发现目标，然后轻而易举地把它们吃掉。这样一来，海鸥就有了可口的美食，这或许也是海鸥喜欢追逐轮船飞行的另外一个原因。海鸥这种"守株待兔"的觅食方式真是聪明至极。如此看来，海鸥除了聪明，还是个很贪吃的家伙呢！

④海鸥很喜欢跟着轮船飞，而人们也很喜欢海鸥的到来，这是为什么呢？

⑤因为轮船航行的时候，经常会有航海者因为不熟悉水域环境而触

礁、搁浅的事件发生，或因天气突然变化而发生海难事故。那些有经验的海员在不知道前方是否安全的时候，第一时间都会寻找海鸥的身影。因为海鸥常常会在浅滩、岩石或暗礁上停靠休息。当轮船靠近了，海鸥就会一起飞来鸣叫，似乎是在向航海者发出提防撞礁的信号。同时海鸥还有沿港口出入飞行的习性，每当航行迷途或海面上大雾弥漫的时候，只要观察海鸥的飞行方向，就可以跟着它找到港口的方向。

⑥而且，海鸥还有一个令人类望尘莫及的本领，它能够预见风暴。如果海鸥是贴近海面飞行，那么近期将是个万里无云的晴天。如果它们沿着海边徘徊，那么天气可能会逐渐变坏。如果海鸥远离水面高高飞翔、成群结队地从大海远处飞回海边，或者聚集在沙滩上或岩石缝里，则预示着暴风雨即将来临。

⑦依靠海鸥来预测天气真的有那么准确吗？那是海鸥天生的本领啊，怎么会不准呢？海鸥的骨骼是管状的，骨骼没有骨髓反而充满着空气。这样的骨骼不仅仅轻便利于飞行，更像是一个气压表，能够根据气压的变化来预知天气的情况。此外，海鸥的翅膀上排列着的那些羽毛也是空心的，就像是一个个小型的气压表，灵敏地捕捉着气压的变化。

⑧海鸥满身都是气压表，它对天气的预测，又能差到哪里去呢？正是因为海鸥的这些本领，让轮船上的人们非常喜欢它，将它视为平安远航的吉祥物。

选文的说明对象是什么？第⑧段中的"这些本领"指的是什么？（4分）

> **答案：**选文的说明对象是海鸥喜欢跟着轮船飞的原因和功用。（1分）第⑧段中的"这些本领"是指预防触礁（找到方向）、预见风暴、预测天气（气压）。（3分）

🏺 分析学生错例

错例1：本文的说明对象是海鸥。

错误分析：这是一篇事理性说明文，说明对象是一种"道理"而不是一种"事物"，其实从题目也能得到提示。

错例 2：这些本领包括借着轮船的气流飞翔和借着轮船的水花觅食。

错误分析：文末说，因为这些本领，人们非常喜欢它。可见，"这些本领"是和人们的喜欢联系在一起的。而文章第四段说，人们也很喜欢海鸥的到来，这是为什么呢？由此可以看出，第四段之后才讲述了人们喜欢海鸥的原因。错例回答的理由在第四段之前，因此不是人们喜欢的理由。观察文章结构可知，本文其实分析了两个问题，一个是海鸥为什么喜欢跟着轮船飞，二是人们为什么喜欢海鸥。对第二个问题的回答，出现在文章的后半部分。因此如果没看明白文章的结构，就容易答错。

错例 3：这些本领包括沿港口出入飞行。

错例 4：这些本领包括在岩石暗礁上休息以发出信号。

错例 5：这些本领包括预见危难。

错误分析：错例 3 的这句话在第五段，这句话的后面有一句总结性的话："……就可以跟着它找到港口的方向"。在总结说明对象的特征时，要注意使用这种归纳性的语句。同样，错例 4 里的"在岩石暗礁上休息"是个描述性语句，这句话里的归纳性语句是"向航海者发出提防撞礁的信号"。阅读要注意观察全文的整体思路、段落结构，不能只停留在句子的层面、觉得哪句话有道理就答哪句话。错例 5 则是回答得不够具体、准确。危难有很多种，像火灾、海盗、漩涡都是危难，文中已说明了是防止触礁，为什么不回答准确呢？

错例 6：这些本领是指预见风暴和预测天气。

错误分析：三种本领，只答到了后两种。还是要注意观察文章结构，以便更仔细、全面地罗列出所有可能的答案。

解题建议

1. 说明文分为事物说明文和事理说明文，准确地判断说明文类型有助于弄清楚说明文的对象。

2. 对说明对象的描述要准确，不要随意去掉限制性定语，比如《中国石拱桥》的说明对象不是石拱桥，而是中国石拱桥。也不要用例子来代替说明对象，比如赵州桥也不是《中国石拱桥》的说明对象，而是以赵州桥为例说明中国石拱桥的特点。

3. 总结说明对象的特征时，要注意文中归纳性的语句，不要用描述性的语句来代替说明对象的特征。

4. 回答说明对象的特征时，要注意可能不止一个，尽量都列举出来。如果有多个特征，应该抓住主要特征，然后按由主到次的顺序进行列举。

题型 15　说明类文本　说明方法

☑ **代表题目**

1. 划线句子使用了什么说明方法？起了什么作用？

2. 请从说明方法的角度赏析第二段的表达作用。

3. 本文应用了多种说明方法，试举一例并说明其作用。

☑ **常见答题模式**

指出说明方法＋运用说明方法的内容＋该说明方法的一般效果＋说明了对象的什么特征或事理。

例题

中国刺绣，针尖上的千年国粹

佚　名

①小小的一根针，传承着历史，联结着古今。刺绣作为我国优秀的民族传统工艺之一，具有深厚的历史文化底蕴。在闻名遐迩的古代丝绸之路上，刺绣和蚕丝不仅是珍贵的货物，更是中外文化交流的"使者"，是除瓷器之外中华文明的又一张名片。

②我国刺绣艺术历史悠久，源远流长，举世闻名。据《尚书》记载，远在4 000多年前的章服制度就规定"衣画而裳绣"。至周代，有"绣缋共职"的记载。西周的染织刺绣已有专门的分工，文献记载了素衣朱绣、流畅的刺绣线条等情况。

③秦汉是我国刺绣史上的第一个极盛时期，刺绣的工艺已达到很高水平，是丝绸之路上对外运输的重要商品之一。

④汉代，刺绣开始展露艺术之美。因为经济繁荣，百业兴盛，丝织造业尤为发达，手工刺绣制作也迈向专业化，技艺突飞猛进。汉代王充所著的《论衡》中记有"齐郡世刺绣，恒女无不能"，足以说明当时刺绣技艺和生产的普及。最具代表性的是湖南长沙马王堆汉墓出土的刺绣残片，它

们虽在地下埋藏了几千年，但出土时仍然精美绝伦，配色、针工都运用得恰到好处。

　　⑤到了唐宋时期，刺绣艺术的发展达到了一个新的阶段，各种针法基本均已出现。此时的刺绣一般用作服饰用品的装饰，做工精巧，色彩华美，在唐代的文献和诗文中都有所反映。如李白诗"翡翠黄金缕，绣成歌舞衣"、白居易诗"红楼富家女，金缕绣罗襦"等，都是对刺绣的咏颂。

　　⑥宋代是手工刺绣发达臻至高峰的时期，特别是在开创纯审美的画绣方面，更堪称绝后。宋代改良了工具和材料，使用精制钢针和发细丝线，针法极细密，色彩运用淡雅、素净。南宋时，针法已达十五六种之多。

　　⑦中国刺绣有锁绣、彩绣、平绣、雕绣、包梗绣、贴布绣、绚带绣、鱼骨绣、挑花绣、钉线绣等多种绣法。光是看到这些绣法，我们就知道一个刺绣图案的完成有多难了！

　　⑧中国的刺绣技艺精湛、鬼斧神工，不仅有针法之分，也有地域之别。我国各地均有刺绣的痕迹，不仅有湘绣、苏绣、粤绣、蜀绣、京绣、秦绣、鲁绣、晋绣、汴绣、瓯绣、杭绣、汉绣、闽绣等地方名绣，少数民族也都有自己特色的民族刺绣，可谓流光溢彩，各具特色！其中，最具代表性的是"四大名绣"，即苏绣、湘绣、粤绣和蜀绣。

　　⑨700多年前，马可·波罗来到杭州，琳琅满目的中国工艺品使他目眩神迷。中国刺绣也随商船漂洋过海，风靡西方上流社会，成了享誉世界的中式奢侈品！至此，中国刺绣的传统技艺在全世界得以融合与发展。然而，中国刺绣这一"心手合一"的传世绝技，其高超技艺、时间厚度、文化深度、人情温度，都使之成为他国无法超越的经典。如今，刺绣这项精美绝伦的工艺还被呈现在各大秀场之中，成为时尚界的宠儿，更是国际舞台上一道亮丽的风景。

　　⑩中国刺绣凭借它独有的魅力，穿越沙漠、远渡重洋，成为中外文化交流的"使者"。（有删改）

　　第②段中的划线句主要采用了哪种说明方法，请分析其作用。（4分）

答案：运用了举例子的说明方法，（1分）以《尚书》、周代、西周关于刺绣的记载描述为例（1分），真实、具体地（1分）说明了我国刺绣艺术历史悠久、源远流长、举世闻名的特点，使文章更具说服力。（1分）

分析学生错例

错例1：运用了引资料/列数字的说明方法。

错误分析：答错了说明方法。需要注意的是，在本段划线句子之前的首句，其实就是本段要说明的事物特征。其后的划线句子，是为说明这一特征举的例子。回答"引资料"的学生是只看了划线句子，不看上下文。因此答此类题型时还是要注意看上下文，弄清作者的意图，而句中仅仅是列举出了年代，不能被称为列数字。

错例2：举例子，具体说明了我国刺绣艺术历史悠久的特点。

错误分析：回答说明方法之后没有写出应用该方法的内容。答题讲究规范，不要为了图省事而有所遗漏，如题目问的是用了哪种说明方法，应回答"用了举例子的说明方法"。

错例3：举了周代记载的例子/举了尚书的记载为例。

错误分析：这些答案都属于不具体，如周代的记载，记载了什么？再如回答尚书的记载，其根本不是例子的全部，应该归纳、概括三个例子的具体内容。

错例4：举了中国刺绣历史悠久的例子。

错误分析：回答说明方法内容的时候，一是要具体，二是不要把效果连在一起讲。回答的各部分应该条理明确，表述清楚。

错例5：运用了举例子的说明方法，以我国古代关于刺绣的记载描述为例，说明了我国刺绣艺术历史悠久的特点。

错误分析：没有写出说明方法的一般效果。举例子的一般效果应是更加真实具体、有说服力。在答题时应注意指出来。

错例 6：运用了举例子的说明方法，以我国古代关于刺绣的记载描述为例，准确地说明了我国刺绣艺术历史悠久的特点。

错误分析：每种说明方法的一般效果要记住，答题时方法与效果要匹配。"举例子"的一般效果是更加真实具体，有说服力，并不包含"准确"这一效果。

错例 7：说明了刺绣有很多分工/说明了刺绣的发展。

错误分析：没有答对划线句子想说明的对象特征，这还是没有注意到段首句，不能从整体上把握语句的说明意图。

错例 8：具体地说明了刺绣历史悠久的特点。

错误分析：原句中的"我国"二字是重要的限制性词语，省略了会改变表意的范围，因此不能省略。

错例 9：运用了举例子的说明方法，以我国古代关于刺绣的记载描述为例，具体说明了我国刺绣艺术历史悠久的特点，体现了说明文语言的准确严密。

错误分析：回答说明方法的题不要按说明文语言的题型答，如体现了"说明文语言准确严密的特征"之类的词语，不要用到说明方法的题型中去。

解题建议

1. 常见的说明方法及其作用：
（1）举例子：更加真实具体，有说服力。
（2）打比方：形象生动。
（3）分类别：条理清楚。
（4）作比较：突出强调说明对象的某一特征。
（5）下定义：科学、准确、严谨。

（6）列数字：准确、严密、具体。

（7）作诠释：通俗易懂。

（8）摹状貌：生动、形象、具体。

（9）画图表：直观、形象。

（10）引资料：更权威，有说服力。有时还能增加文采。

2. 不要将说明方法误作修辞手法、写作手法和表达方式。

3. 不要只讲方法、不讲应用方法的内容。应用方法的内容要讲具体，内容与方法要一致。

4. 答题时，说明方法与方法的一般效果要匹配。

5. 方法说明了对象的什么特征，前后要匹配。如果要说明的特征已经在上下文中有体现，要尽量用原文。

6. 回答说明方法的题不要按说明文语言的题型答，如体现了"说明文语言准确严密的特征"之类的词语，不要用到说明方法的题型中去。

7. 如果原文用了不止一种说明方法，应该至少答两种，而且，其内容与作用应分开讲清楚。

8. 应注意说明文中也会运用修辞手法，尤其是描写、抒情、议论的部分。

题型 16　说明类文本　说明语言 ————————————————●

☑ 代表题目

1. 划线句子体现了说明文语言的什么特点？试加以分析。

2. 请分析句中的加点词语起了什么作用？

3. 句中的加点词语能否删去？为什么？

4. 加点的词语能否替换为另一个词语？请说明理由。

☑ 常见答题模式

模式1：解释词语本义＋结合原句分析词语的文中义＋分析词语的作用＋体现说明文的语言特征（准确、严密、生动）。

模式2：不能删去＋解释词语的含义＋结合原句指出词语的作用＋删去后文意的变化＋体现说明文的语言特征（准确、严密、生动）。

例题 1

在传统园林中，月亮门通常用于白粉墙体，配合灰色的砖门套，十分淡雅，在寺庙中也有用于黄色墙面。月亮门一般在门的边缘处要做一个圆形的装饰边，采用灰色砖细，在门的下边则是平口，不设门槛，或者仅留圆形门套以为坎。在月亮门的上方，往往设有门楣题名，起到"点景"的作用。

在当今的园林景观设计中，月亮门及其变体也是常用的空间划分、点景、框景等手法。不同的是，使用更加灵活，材料及建构方式也更加多样，大多简洁明快，寓意也各不相同，富有时代气息。例如在苏州博物馆入口处的电动移门，采用钢结构门框，玻璃移门则做成月亮门状，提取和重现了月亮门的文化属性，表现苏州园林的典型意象。

如今还有一些新中式的酒店、宾馆、住宅等也广泛使用月亮门，月亮门的营造案例甚至远传至国外。

材料中的加点词语是如何体现说明文语言特点的？（4分）

答案："往往"是"常常"的意思，（1分）限制了设置门楣的频率（1分），说明在月亮门的上方时常设有门楣题名，但也不是每处都有（1分）。体现了说明文语言准确、严谨的特点。（1分）

📖 分析学生错例

错例1：往往表示频率，写出了门楣题名出现频率之高，但也不一定出现。体现了说明文语言准确、严密的特征。

错误分析：说明文语言中的加点词，首先要对词语本身加以解释。本例缺乏解释词义这一部分。

错例2：往往指的是一般是/大概是/表估计、推测分析。

错例3：往往表示常常，但不完全是。

错误分析：错例2的问题是解词有错误。往往这个表频率的词与推测是没有关系的。错例3的"不完全是"不应该放在解词部分，而应该放在后面的分析部分。

错例4：往往指大多。指月亮门上方也不是每处都有门楣题名，体现了说明文语言准确、严密的特点。

错误分析：本类题型中，解释完词语后，要结合文章的具体内容来分析词语的作用。本错例中解释完词的含义后既没有结合文章的具体内容阐述，也没有指明"限制频率"之类的表述。

错例5：往往指常常。文中指月亮门上方经常有门楣题名，而去掉了往往意思是月亮门上方有门楣题名。

错例6：往往指常常。说明月亮门上方不是每次有门楣题名，也不是每次没有。

错误分析："往往"这样的限制性词语之所以在说明文中很重要，是因为它既表达了"经常"这样的高频率的意思，又没有把话说绝对，没有说成"全部是"这样的意思，因而显得表述精确，符合实际情况。答题时应该把这两方面的意思都答清楚。错例5没有表达出"不全有"的意思，而错例 6 则没有表达出"频率高"的意思。

　　错例 7：往往表示频率，写出了门楣题名出现频率之高，但也不一定都会出现。如果删掉这词，就会变成全部都有题名，与原文意思不符。体现了说明文语言准确、严密的特征。

　　错误分析：题目并没有问这个词能不能删掉，答题者却回答该词删掉后的语意变化，有答非所问之嫌。

　　错例 8："往往"是"常常"的意思，限制了设置门楣的频率，说明在月亮门的上方时常设有门楣题名，但也不是每处都有。它使说明更具体，更有说服力。

　　错误分析：错例的最后一句话是在回答"举例子"说明方法的效果，不符合说明文语言题型的答题特征。

解题建议

　　1. 回答加点词语有什么效果，不能一开头就回答"不能删去"，这属于答非所问。

　　2. 解释加点词的本义要正确、清楚，不能省略。

　　3. 分析词语在句子中的运用时，表述要准确完整。该引原文的地方不可偷懒、省略，以免导致回答不具体、清楚。

　　4. 说明文语言类的题目，结尾要回答体现了说明文语言的什么特征，这个特征要么是生动，要么是准确、严密，不要把说明方法的效果当成说明文的语言特征。

　　5. 多数题目中说明文语言运用的效果都是准确、严密，但也有少数是体现说明文语言的生动性，要注意分辨。

　　6. 有一些限制性词语对事物效果的"两头"都有限制，比如"大多"，表示是多数情况，但也不是全部情况，回答的时候不要只顾"一头"。

例题 2

萤 火 虫

法布尔

①如果萤火虫只会像亲吻似的轻拍蜗牛，对它施以麻醉术，而没有其他什么本领的话，那它也就不会这么出名，这么家喻户晓了。它真正名扬四海的原因，是它能在尾部亮起一盏灯。

②我的手和眼仍然很听使唤，做起解剖来还算得心应手，因此，我便想解剖一下萤火虫的发光器官，以便彻底搞清楚其构造。我终于成功地把一根发光宽带的大部分给剥离开来。我在显微镜下仔细地观察了这条宽带，发现其上有一种白色涂料，由极其细腻的黏性物质构成。这白色涂料显然就是萤火虫的光化物质。紧靠着这白色涂料，有一根奇异的气管，主干很短却很粗，下面长了不少的细枝，延伸至发光层上，甚或深入到萤火虫体内。

③发光器官受到呼吸气管的支配，发光是氧化所导致的。白色涂层提供可氧化的物质，而长有许多细枝的粗气管则把空气分送到这种物质上。现在，我很想搞清楚这个涂层的发光物质究竟为何物。起初，人们以为那是磷，还把它加以燃烧，以化验其元素，但是，据我所知，这种办法并没有获得理想的效果。显然，磷并非萤火虫发光的原因，尽管人们有时把磷光称之为荧光。这个问题的答案肯定不在这里。

④萤火虫能够随意地散布它的光亮吗？它能否随意地增强、减弱、熄灭其亮光？它是怎么做的呢？它有没有一个不透明的屏幕朝着光源，能够把光源或遮住或暴露出来呢？现在，我们对这个问题已知道得很清楚，萤火虫并没有这样的器官，这样的器官对它来说是没有用的，它拥有更好的办法来控制它的明灯。若想增强光的亮度，遍布光化层的光管就会加大空气的流量；如果它把通气量减少甚至停止供气，亮度就变弱，甚至熄灭。总之，这个机理与油灯的机理一样，其亮度是通过控制空气进入灯芯的量来调节的。

⑤从各种实验的结果来看，极其明显的是，萤火虫是自己在控制着身

上的发光器，它可以随意地使之或亮或灭。不过，在某种情况之下，有无萤火虫的调节都无关紧要。我从其光化层上弄下来一块表皮，把它放进玻璃管里，用湿棉花把管口堵住，免得表皮过快地蒸发干了。只见这块表皮仍在发光，只不过其亮度不如在萤火虫身上那么强而已。在这种情况下，有无生命并不要紧。氧化物质，亦即发光层，是与其周围空气直接接触的，无须通过气管输入氧气，它就像是真正的化学磷一样，与空气接触就会发光。还应该指出的是，这层表皮在含有空气的水中所发出的亮光，与在空气中所发出的亮光的强弱一样。不过，如果把水煮开、沸腾，没了空气，那么，表皮的光就熄灭了。这就更加证明，荧火虫的发光是缓慢氧化的结果。

⑥萤火虫发出来的光呈白色，很柔和，但这光虽然很亮，却不具有较强的照射能力。在黑暗处，我用一只萤火虫在一行印刷文字上移动，可以清楚地看出一个个字母，甚至可以看出一个不太长的词儿来，但是，在这小小的范围之外的一切东西，就看不见了。（选自《昆虫记》）

"这种办法并没有获得理想的效果"中的加点词能否删去？为什么？（4分）

答案：不能删去（1分）。"理想的"修饰"效果"，意思是人们用燃烧涂层的发光物质来化验其元素的方法有一些效果，但不太好（1分）。如果删去，句子意思就成了"没有获得任何效果"，表达不准确（1分）。"理想的"一词的运用体现了说明文语言的准确性和严密性（1分）。

分析学生错例

错例1："理想的"意思就是效果很好的。如果删去，句子意思就成了"没有获得任何效果"，不符合实情。"理想的"一词的运用体现了说明文语言的准确严密。

错误分析：题目问"能不能删去"，一定要先表态。还有就是除了单独解释加点词的意思，还要结合文章的具体内容来解说，这个回答缺少了这部分。

错例 2："理想的"为后面的效果起修饰作用。

错例 3："理想的"指想象中的。

错例 4："理想的"指作者心中所想的、预期的。

错误分析：错例 2 没把词语意思解释出来。错例 3 的解释不正确。错例 4 解释得不够准确。文中"理想的"指的是完善的、令人满意的意思。

错例 5：不能删去。"理想的"意思就是效果很好的。文中指人们实验取得的效果不是很好，也不是没效果。体现了说明文语言的准确严密。

错误分析：错例 5 没有阐述删除加点词后语意的变化，应该在阐述去掉了加点词的句意后应加上"与文章原意不符"几个字。

错例 6：如果删去"理想的"会表达不清楚／删去就不能体现出人们想达到的效果。

错误分析：表述得不具体、明白。"表达不清楚"是哪里不清楚？"不能体现出人们想达到的效果"是什么效果？这样模棱两可的回答无法得分。

错例 7：如果删去就变成达到了效果。

错误分析：原句是"没获得理想的效果"，删去"理想的"，是变成"没获得效果"。答题者在面对否定句式和"该不该删"的表述的时候，有时由于思维没理清、引述不当或者否定不当，表述的意思就刚好与文意相反。

错例 8：不能删去。"理想的"意思就是效果很好的。文中指人们实验取得的效果不是很好，也不是没效果。删去了就变成没效果了。体现了说明文语言的准确严密。

错误分析："删去了"怎么还体现说明文语言的准确、严密呢？应该是，要么说"删去了不能体现说明文语言的准确和严密性"，要么说"使用这个词体现了说明文语言的准确和严密性"。

错例 9：不能删去。"理想的"意思就是效果很好的。文中指人们实验取得的效果不是很好，也不是没效果。删去了就变成没效果了。

错误分析：用这个词体现了说明文语言的什么特点，应该答出来。

解题建议

1. 题目问"能不能删去"，一定要先表态。

2. 除了单独解释加点词的意思，还要结合文章的具体内容来解说，这个不能省略。

3. 删去词语之后语意变化的效果，可以说是"与原文不符"或"不合文意"，但是也必须阐述语意变化的具体内容，不能只写出删除该词语后的句子而不分析词语删除后句子语意的变化。

题型 **17** 说明类文本 说明顺序 ───────────────●

☑ **代表题目**

1. 文段采用的是什么说明顺序？有什么好处？

2. 文章中的四五段能否互换？为什么？

3. 文章第五段的说明思路是怎样的？

☑ **常见答题模式**

判断说明顺序＋结合内容分析判断的理由＋使用该顺序的好处。

例题

我们生活中的那只"羊"

刘汉杰

①12年生肖一轮回，今年又值羊年。进入中国文化中的那只"羊"，已经不是一个普通的家畜，更像是一个文化灵物。它被人们赋予了诸多观念，如吉祥、美好、公正等，具有了多样化的象征意义。

②首先，羊是吉祥的象征。被史学界誉为"臻于极致的青铜典范"——国宝四羊方尊，是中国现存最大的一件商代青铜方尊。尊是商代大型盛酒器，用作祭祀礼器。在商代人的观念中，"羊"通"祥"，寓意吉祥。把牺尊铸成羊形，除了有把吉祥献给祖先、神灵之外，恐怕还有对羊等家畜兴旺的一种精神祈求。

③此后，羊为祥瑞的观念一直深浸于中国文化之中。每逢岁首，中国人多言"三阳开泰"，以示吉祥。由于"羊"与"阳"通，民间或书作"三羊开泰"，或绘作吉祥图案。传统的图案则绘三只羊在阳光下吃草来表示，有好运即将到来之意。又如，广州市"羊城"之说的由来，也与羊兆吉祥有关。相传周朝时此地大旱，庄稼颗粒无收，百姓向上天祈求，感动了上苍。五个仙人骑着口衔谷穗的五只羊降临此地，将谷穗赠与人们，并祝愿这里永无饥荒。仙人离去后，五只仙羊则变成石头留

在了人间。

④其次，羊是美的化身。按《说文解字》解释："美，甘也。从羊从大。羊在六畜中主给膳也。美与善同源。"对此，学者们有不同的见解，或说"羊大为美"，或说"羊人为美"，或说羊的美质在于"交换"，用羊作为等价物，可以换回很多自己需要的东西。

⑤也有研究者认为，人们之所以以羊为美，源于古人对羊生产过程的崇拜。羊生小羊，胞胎出母体后，母羊咬破胞衣，小羊羔从里面挣脱而出，这种胞胎的产育滑溜顺利，母羊没有太大的痛苦。人类的生产过程则不同：婴儿先在母体中挣破胞衣，四肢伸张，形体变大，母亲需要承受较大的痛苦。所以，人们就希望人类生产如羊般的顺利。

⑥第三，羊代表着公正。獬豸是上古神话传说中的神兽，其原型是羊。"獬豸，一角之羊也。"其形状如羊，额上一角，双目有神，懂人言，知人性，能辨是非曲直。《墨子》中就有关于齐庄公让獬豸来断案的故事。

⑦有学者研究指出，法制其实起源于远古的游牧部落。其原初的情境是：判案都在祭祖的祠堂内进行，让那些作案者在祖先神灵的威慑下产生悔过之心。獬豸的原型其实是佩戴羊角和羊面具的巫师。由于獬豸是公平正义的象征，后世御史等执法官吏戴的帽子又称为"獬豸冠"。

本文的说明顺序是什么？你的理由是什么？（4分）

> **答案：本文的说明顺序是逻辑顺序。（2分）文中第二、四、六段的"首先、其次、第三"，表明本文是按照由主及次的说明顺序进行说明的。（2分）**

📥 分析学生错例

错例1：本文采用的说明顺序是时间/空间顺序。

错误分析：从说明对象看，本文说明的是羊的不同吉祥寓意，且这些寓意之间不存在时间或空间关系。从"首先、其次、第三"等段首语也可以看出，本文是采用的逻辑顺序。

错例2：本文的说明顺序是逻辑顺序。因为可以判断采用的不是时间或空间顺序，所以用排除法可知，应该是逻辑顺序。

错误分析：排除法可以帮助你判断是何种顺序，但不能作为证明文段是逻辑顺序的依据，还需要通过对文本和语句的分析来寻找答题依据。

错例3：本文的说明顺序是逻辑顺序。文中用的是"首先、其次、第三"等标志语，所以是逻辑顺序。

错误分析：逻辑顺序包含很多种，应能够判断文中具体是哪种。当然，需要记忆逻辑顺序的主要种类。

错例4：本文的说明顺序是逻辑顺序。对羊这种生肖进行了解读。突出了羊在人们心中是吉祥、美好、公正的象征，对其象征意义加以说明。所以是逻辑顺序。

错误分析：理由部分分析的是本文的说明内容，而不是顺序或思路。这不足以成为证明本文是逻辑顺序的依据。

解题建议

1. 说明顺序包含时间顺序、空间顺序和逻辑顺序。

2. 主要的逻辑顺序包含从现象到本质、从结果到原因、从特点到用途、从概括到具体、从具体到抽象、从主要到次要、从一般到特殊、从总到分、从整体到局部等。

3. 判断说明顺序要依据说明的内容，有时也可以通过观察说明对象来判断。事物发展、制作过程、历史沿革、观察记录等，较多运用时间顺序；形状构造、建筑或景点的构造布局等，较多运用空间顺序；说明事理、说明联系与规律，较多运用逻辑顺序。

4. 注意通过语言标志来判断说明顺序。比如采用时间顺序的文章，常常会用到表时间的词，比如"古代""后来""不久"等；采用空间顺序的文章，常常会用到表方位的词，比如"上下左右""南北""里外"等；采用逻辑顺序的文章，常常会用到表思维进程的词，比如"首先……其次……""因为……所以……""总之……"等。

5. 也可以借助排除法。如果排除了时间顺序和空间顺序，那就只能是逻辑顺序。

6. 使用说明顺序的效果，常常是使说明更有条理，便于读者理解。

题型 18 说明类文本 开头段落的作用 ————————————————————————●

☑ **代表题目**

1. 简要分析本文开头段的作用。

2. 文章第一段以诗歌开头起了什么作用？

3. 这篇说明文是以什么内容开头的？这样安排的好处是什么？

☑ **常见答题模式**

概述开头内容＋点明（引出）说明对象＋点明说明对象的什么特征＋吸引读者的阅读兴趣。

例题

蚊子为什么没有被雨滴砸死？

①漫步细雨中对于人们来说，或许是浪漫而惬意的，但对体积微小的昆虫而言，譬如蚊子，雨中漫步简直是一场灾难。一滴雨的重量可达到蚊子体重的 50 倍之多，人们所谓的毛毛雨，在蚊子看来，不亚于一辆辆甲壳虫汽车从天而降。但是，在这"甲壳虫汽车雨"中，蚊子却能够毫发无损，这是什么原因呢？

②为破解这一谜题，美国佐治亚理工学院的胡立德教授与美国疾控中心合作，对雨中飞舞的蚊子进行了高速摄像，以观察蚊子被雨滴击中瞬间的行为。

③通过视频，胡立德教授与他的研究小组分析了雨滴击中蚊子不同部位的各种情况，计算出蚊子被雨滴击中的瞬间所受到的作用力以及其后随雨滴向下移动的距离。他们发现，蚊子并不像人们可能推测的那样去躲避雨滴，也不会因遭到雨滴的冲击而受伤，秘密之一就在于蚊子体重极轻。

④原来，蚊子被雨滴击中时并不进行抵挡，而是与雨滴融为一体，顺应它的趋势落下。如果雨滴击中蚊子的翅膀或腿部，它会向击中的那一侧

倾斜，并通过"侧身翻滚"的高难度动作，让雨滴从身体一侧滑落；当雨滴正中蚊子身体时，它先顺应雨滴强大的推力与之一同下落，随之迅速侧向微调与雨滴分离并恢复飞行。

⑤研究者还发现，当雨滴击中栖息于地面的蚊子时，雨滴的速度在瞬间减小为0，这时蚊子就会承受相当于它体重10 000倍的力，足以致命。当蚊子在空中被击中采用"不抵抗"策略时，它受到的冲击力就减小为其体重的1/50至1/300，此时，这雨滴就像一根极细小的羽毛压在了蚊子身上——这是蚊子能够承受的。

⑥虽说蚊子柔弱如风中柳絮，会被雨滴砸得摇晃不定，但正是由于它体重极轻，雨滴在与蚊子碰撞的过程中几乎没有减速，它的动能也几乎没有转化为能量击打在蚊子身上，而是让蚊子瞬间加速下降，从而化解了高速下降的雨滴带来的巨大冲击。这就像是"以柔克刚"，达到"四两拨千斤"的效果，小小的蚊子还是个太极高手呢！

⑦蚊子在雨中安然无恙的另一个秘密，是覆盖它们全身的细毛具有疏水性。这种防水的细毛使得蚊子与打在它身上的雨滴保持分隔状态，从而使蚊子能够迅速摆脱雨滴重新飞起，在雨滴将它们砸落地面造成致命伤害前成功逃生。

⑧胡立德教授的这一发现引起了广泛关注。事实上，这项研究不只是跟蚊子有关。在应对自然之道上，动物往往有着比人类更丰富的经验，它们在千万年的进化过程中拥有了适应生存环境的生理结构和功能。研究动物应对大自然的特殊本领，可为科学家和工程师提供新的设计思想，解决机械技术上的诸多难题——比如，如何更好地设计微型飞行器，让它们能像蚊子这类昆虫一样，在雨中轻盈地飞翔。（湘西州中考题）

文章第①段有什么作用？请作简要分析。（3分）

答案：作者将人和蚊子在雨中漫步的"惬意"与"危险"作比较，（1分）点明了本文的说明对象：蚊子为什么在雨中能够毫发无损。（1分）激发了读者的好奇心和阅读兴趣（1分）。

📋 分析学生错例

错例1：点明本文的说明对象"蚊子为什么没有被雨滴砸死"，激发读者的好奇心和阅读兴趣。

错误分析：写说明文开头的作用，要先简要引述开头的内容。错例没有简述开头部分的内容。

错例2：开头提出了蚊子为什么没有被雨滴砸死的问题。

错例3：开头引出了本文的说明对象，激发了读者的好奇心和阅读兴趣。

错误分析：错例2没有点明"蚊子为什么没有被雨滴砸死"是说明对象。错例3只说了引出说明对象，没有指出说明对象具体是什么。

错例4：开头概述了文章的主要内容。

错例5：为后文蚊子承重方法的解说做了铺垫。

错例6：开头提出蚊子为什么能够在雨中毫发无损的观点/引出文章论点：蚊子不会被雨滴砸死。

错误分析：这几个例子都是用了不合乎说明文文体的表述。错例4、5是记叙文的说法，而错例6是议论文的提法。

错例7：开头的作用之一是引出下文。

错误分析：引出下文也是记叙文式的表述。在说明文中，应该说清楚地引出了下文的说明对象或者对什么事理进行了说明。

错例8：开头点明了蚊子不会被雨滴砸死的特征。

错误分析：说明文开头部分的首要任务是点明说明对象，点明说明对象的特征不是首要任务。很多时候对象的特征不会在开头直接提出，而是放在文中具体说明。很多事理性说明文常常是说明某种事理，而不是直接指出对象的某项特征。

错例9：开头用了列数字的说明方法，点明了本文的说明对象"蚊子为什么在雨中能够毫发无损"，激发了读者的好奇心和阅读兴趣。

　　错误分析：在分析开头的作用时，说明方法不是必须涉及的内容，除非该说明方法与接下来要讲的作用效果有直接关系。比如，如果某文章开头引用了名家名言，增加了文学色彩，吸引了读者的阅读兴趣，那么才有必要指出开头段采用了"引资料"的说明方法。

解题建议

　　1. 写说明文开头段的作用，要先简要引述开头部分的内容。

　　2. 开头段的作用一般有：①点明或引出说明对象；②介绍说明对象的特征；③设置悬念，引发读者思考；④增加趣味性或文学色彩，吸引读者的阅读兴趣。

　　3. 如果开头段的作用是"点明说明对象"，那么就一要判断准确说明对象；二要明确指出点明的是说明对象，不能只引述内容，却不说该内容是说明对象；三要讲具体说明对象是什么，不能只说"点明了说明对象"，却不具体说清楚"说明对象是什么"。

　　4. 说明对象在开头段明确出现了，叫"点明说明对象"。如果开头段没有出现说明对象，只是引出了说明的话题范围（说明内容），真正的说明对象是在下文出现，那么开头段的作用就只能是"引出说明对象"，而不是"点明说明对象"。

　　5. 不要把记叙文、议论文的概念放进说明文里来，比如记叙文中的引出下文、点明中心、做铺垫、埋伏笔、总起全文、交代主人公等；议论文中的引出中心论点、点明观点等。

　　6. 如果要写引出说明对象的特征，该特征应为主要特征。

题型 **19** 仿写句子 ————————————————————●

☑ **代表题目**

1. 请根据上下文，在横线上仿写出恰当的句子。

2. 在划线句后面续写两个句子，使之构成语意连贯的排比句。

3. 在以下人物中选择一位，仿照示例，为他写一段颁奖词。

4. 写对联：根据给出的上联，写出下联。

例题

仿照划线句写两个句子，使前后连接，语意连贯。（4分）

从小到大，一路走来，收获了许多甜蜜的回忆。甜蜜的回忆如花，芬芳四溢，令人迷醉。它如桃花，绽放在三月黝黑的田野上；

＿＿＿＿＿＿＿＿＿，＿＿＿＿＿＿＿＿＿＿＿＿＿＿＿；

＿＿＿＿＿＿＿＿＿，＿＿＿＿＿＿＿＿＿＿＿＿＿＿＿；它如梅花，绽放在腊月雪白的屋舍旁。

> **答案：它如莲花，（1分）绽放在六月碧绿的荷塘里；（1分）它如桂花，（1分）绽放在八月金黄的稻田边。（1分）**

分析学生错例

错例1：它如枫叶，游历在秋日的小路间。

错误分析：首先看对象和题材，应该写"它如什么花"，"枫叶"是对应不上的，然后用作修饰成分的"秋日"也没对应上，此处应该写是"几月"。严格地说，动词也只能用绽放，因为前后两个划线句都用了"绽放"，已经提示了要求。

错例2：它如荷花，绽放在美丽的湖上。

错例 3：它如葵花，绽放在八月碧绿的草地。

错例 4：它如菊花，盛开在秋日怀抱。

错例 5：它如昙花，短短一现却美丽万分。

错误分析：这几个错例都是句子结构出了问题。错例 2 是缺少修饰词"几月"；错例 3，句末缺方位名词"上"；错例 4，修饰词和方位名词都没有；错例 5 根本没有考虑仿写的结构问题。

错例 6：如荷花，绽放在七月粉红的荷塘边。

错误分析：句子开头少了一个"它"字，这是因为审题不仔细导致的结构问题。

错例 7：它如菊花，绽放在九月墙角的罅隙处。

错误分析：这个是词性没有对应上。原文在处所前的都是形容词，比如"黝黑""雪白"，而错例用的是名词"墙角"，与原文不符。

错例 8：它如菊花，绽放在十月不起眼的田野上。

错误分析：原文没有出现表否定的副词"不"，仿写也不应该有。这个错例还出现了一个不应该有的重复——"田野"是原文已有的，回答中就不能再使用了。

错例 9：它如菊花，绽放在九月冷爽的秋风中；它如荷花，绽放在六月炎热的荷塘里。

错误分析：首先是顺序问题，句子是按照春夏秋冬的顺序排列的，就不能把秋天放到夏天前面去。再有，句末的介宾短语应该是说处所，"秋风中"也不太合适。

错例 10：它如荷花，绽放在四月清晰的荷塘中。

错误分析：首先是荷花不在四月开放，这样的答案不符合常识。"荷塘"的修饰词用作"清晰"，这也不合适。

错例 11：它如山花，绽放在六月火红的春山上。

错误分析：这位学生可能想不出具体的花名，因此就使用了"山花"这个词。从原文看上是需要写出具体花名的。"六月"已经过了春季，也谈不上"春山"。

错例 12：它如菊花，绽放在九月美丽的山间。

错误分析：严格一点来说，这个答案的字数有点对应不上。原文提到的处所都是两个字，如"田野""屋舍"，仿句是一个字"山"，应尽量使用两个字的词。当然有些仿写题对字数要求不严格，类似这样的回答也不会被扣分。

解题建议

1. 首先观察前后划线句涉及的题材与对象，例题是某种花的绽放。注意不是泛指某种植物，而是具体某种花。

2. 再看划线句结构。第一句写它是什么花，第二句写绽放在几月什么样的地方。动词"绽放"其实是可以重复的部分，若放宽要求，答案也应该是个动词。"在什么样的地方"是由两个短语组成的，一个是修饰场所的偏正短语、形容词加名词的结构，如"黝黑的田野""雪白的屋舍"；另一个是表示场所的介宾短语，由介词、表处所的名词加表方位的名词组成，如"在田野上""在屋舍旁"。

3. 三看修辞。例题说的是回忆如什么花，用了比喻。同时根据前后划线句可以看出，四个句子应该形成排比。

4. 写完还要验证，写出来的句子逻辑是否成立，不能出现违背事理的答案。

5. 仿写句子总结：①内容承接上文，题材保持一致；②结构相同，词性相对；③修辞相同；④不能重复，除例句显示可以重复的部分外，仿写出的句子不能使用与原句相同的词汇、短语；⑤句数、句式、字数都应和原句保持一致；⑥逻辑成立，符合事理。

6. 如果是写对联，除了遵循仿写的一般要求外，上下联不能有一个字重复。

题型 ⑳ 拟写宣传标语

☑ 代表题目

1. 市妇联将建设一个"家风教育基地",请你为该基地写一条宣传标语。

2. 为提升我市的旅游品牌形象,文旅部门向全市征集"最美宣传口号",请你也拟写一条宣传口号参加征集。

例题

5月31日是"世界无烟日",某中学学生会决定围绕"有效劝阻别人吸烟"的主题开展语文实践系列活动。请你参加并完成相关任务。请拟写宣传标语。经学校同意,学生会准备把学校那些冷冰冰的"禁止吸烟"标志,换成富有人情味和启发性的宣传标语。请你拟写一条这样的宣传标语。(3分)

> 答案一:烟雾锁肺,夺走清新自由。健康无价,禁烟从我做起。
> 答案二:清新的空气,无烟的未来。为了家人,请拒绝吸烟。

📋 分析学生错例

错例1:烟如同一把RPG,趁你不注意,把毒弹射入你的胃里,让你健康崩溃,苦不堪言。

错误分析:宣传标语不能太啰唆,这个标语分句太多了。而且有个常识问题,吸烟伤害的是呼吸系统而不是消化系统,"毒弹"不是应该射进"肺"里吗?另外,答题时也不建议随便使用英文缩写。

错例2:伤情又伤肺,健康的爱人从此各分东西。

错误分析：这个标语的指向不明，看不出是反对吸烟，感觉像在说失恋或者肺癌。

错例 3：放松便有音乐，解闷亦有阅读，何来的抽烟呢？

错误分析：这个表述是不合逻辑的。抽烟是客观存在的现象，不能看作是一种感觉，答案也没有表达出反对吸烟的主张。

错例 4：缕缕浊烟进入肺部，看似精神，实际让身体崩坠。

错误分析：这是属于用词不当。"崩坠"是倒塌、坠落的意思，不适合用来描述健康受损。

错例 5：为了自己的身体和你的家人朋友，请不要再吸烟。

错误分析：这个宣传标语太直白了。题目要求标语不要太冷冰冰，要富有人情味和启发性，这个回答显然没有达到要求。应该适当使用修辞手法，使标语的语言更富艺术性。

错例 6：少一支烟，多一份健康。

错误分析：建议让语句对偶，体现形式美，如"少一支香烟，多一分健康"。

错例 7：抽烟是不好的，对呼吸和心血管都有害，二手烟还会影响别人。

错误分析：这个标语只是分析了吸烟的危害，没有提出明确的主张或发出号召，不符合标语的要求。

错例 8：爱人先爱己。请好好爱自己，不要吸烟。

错误分析：宣传标语应简洁，一句话概括，中间不要加句号。

解题建议

1. 标语口号应符合活动主题或题目的要求。

2. 语言简洁不啰唆，通俗易懂，贴近生活，符合字数的要求。

3. 语言具有艺术性，应使用一些修辞手法，如比喻、拟人、对偶、反问等。

4. 宣传标语应发出号召或有明确的主张，不能写成分析、评论。

5. 内容应积极、健康，语言应亲切、友善。

题型 ㉑ 非连续性文本 拟写标题

☑ 代表题目

1. 为下面的新闻拟写一个标题。

2. 这段材料还缺少一个标题，请你填写在括号里。

☑ 常见答题模式

人物＋事件（谁干了什么事）。

例题

今年两会期间，"发展中华老字号软实力"的提案被提出后，"老字号"成为热词，引起广泛关注。请你阅读以下材料，按要求回答问题。

材料：央广网重庆4月6日消息 以重庆为背景的电影《火锅英雄》近日热映，引发了不少人来重庆旅游的愿望。记者从重庆市商委获悉，为打造城市消费热点，该市拟于近期举办全国老字号博览会，以促进消费。

据悉，老字号博览会预计吸引市外2万余人来渝参会和消费。近年来，重庆实施品牌培育重点工程，保护和发展老字号132个，其中重庆老字号113家、中华老字号19家，并集中打造沙坪坝等老字号特色商业集聚区，健全特色商品流通渠道。

此外，该市还积极引进世界品牌、知名商贸企业和展会入驻，鼓励企业在重庆设立总部或区域性总部、分拨中心、结算中心等来渝开设店铺。

（1）请你用简洁的语言为材料新闻拟写标题。（不超过15个字）（4分）

> **答案：重庆（1分）将举办（1分）全国老字号博览会（1分）。不超过15个字。（1分）**

分析学生错例

错例 1：重庆市拟于近期举办全国老字号博览会，并积极引进世界知名品牌企业入驻。

错误分析：审题不仔细，把写标题看成了写导语。注意标题是不能出现句号的。

错例 2：重庆的老字号/老字号的发展特点/老字号的重要性/老字号的发展情况/重庆吃喝的消费与好处/发扬中华老字号。

错误分析：新闻标题的基本结构应该是谁干了什么事，应该是个主谓短语。以上错例多数都是偏正短语，最后一个"发扬中华老字号"是动宾短语，找不出主语。说明答题者对新闻标题的基本结构缺乏概念。

错例 3：老字号再放异彩，新企业注入新鲜血液。

错例 4：中华老字号吸引不少人来吃喝玩乐。

错误分析：新闻的标题常常可以通过压缩导语得出。导语一般是新闻开头的第一段或第一句话。错例 3 缺乏找导语的意识，其答案是从新闻的第二三段中归纳出来的，没有抓住要点。错例 4 倒是从第一段找的语句，但是也没能涵盖新闻的核心事件——办博览会。这是审题不仔细，把写标题看成了写导语。注意标题是不能出现句号的。

错例 5：重庆将开展全国老字号博览会。

错误分析：动词使用不当。一般"开展"对应的是"活动"，而"展会"搭配的动词一般是"举办、开办"等。

错例 6：重庆举办全国老字号博览会。

错误分析：少了一个"将"字。将字表示这个老字号博览会还没有举办，只是打算举办。去掉了"将"字则表示老字号博览会已经举办了。一字之差，传达的信息明显不同，因此"将"字不能省略。

错例 7：重庆开展老字号博览会吸引众多游客。

错误分析：一共 16 个字，会因为超过了规定字数被扣分。"全国"是个重要的范围限定，不能随便省略。

错例 8：中华老字号，尽在重庆，尽在你向往的地方。

错误分析：答案不是新闻标题，是宣传标语，不符合题目的要求。

解题建议

1. 不要错误审题，错把写标题误作写导语。标题末尾不能有句号。

2. 标题的基本结构为"谁干了什么事"，一定要有主语和谓语，不能出现语法错误。

3. 新闻的标题常常可以通过压缩导语得出。导语一般是新闻开头的第一段或第一句话，它简要地揭示新闻的核心内容。正确找出导语对拟写新闻标题很重要。

4. 新闻标题中的词语表述要准确，尤其要注意使用表示限制的词语（如超过、近、左右等）和表示时态的词语（如已、将、拟等），关键信息不能遗漏。

5. 注意字数的要求。

6. 为了便于控制字数，可以按照信息的主次轻重逐步删减次要信息，但要尽量保留主要信息。必要时可整合替换原文词语，但不能生造词语。

题型 ㉒ 非连续性文本 图表题 ————————●

☑ 代表题目

1. 观察以下的表格，说说你得出的结论。

2. 从下面的柱状图中，你看出近年来中小学研学的趋向发生了怎样的变化？

3. 下面这幅漫画画了什么？说说它的寓意。

4. 这是上海大学生为第七届国际进口博览会设计的徽章，请你分析徽章中传达的信息。

例题 1

某校九（3）班开展以"建好我的微信朋友圈"为主题的综合性活动，请你参与并帮助完成以下活动的内容。

根据表格写出你的结论（4分）。

分享的内容	明星八卦	各类自拍	游戏战绩	幽默笑话	校园生活	家庭生活	读书学习
占比	19%	17%	22%	19%	9%	7%	7%

答案：目前中学生的朋友圈信息分享以明星八卦、各类自拍、游戏和幽默笑话等娱乐性信息为主，（2分）而与校园生活、家庭生活和读书学习相关内容较少。（2分）

📖 分析学生错例

错例1：很多人喜欢打游戏/反映了游戏在生活中广泛的运用。

错例2：手机对学生有较大影响。

错误分析：从表格中的标题来看，讨论的是微信朋友圈的信息分享情况，而不仅仅是打游戏这一个方面。错例1忽视了话题范围，把范围缩小到某个特定领域。错例2则是改变了话题，表格中讨论的话题不是谈手机的。

错例3：大多数人喜欢打游戏，表现了当代年轻人喜好的乐趣。

错误分析：首先，晒游戏战绩的比例是22％，谈不上大多数，然后，某校九（3）班的学生也不能代表当代年轻人。如果把九（3）班的学生这个范围加以类推，最多只能扩大到当代中学生这个范围，因此要注意理解主语的含义，不要随意定义。

错例4：性别和追求的不同导致所发的东西不同。

错误分析：题目和表格中都没有讨论性别的问题，这属于随意扩大话题范围。

错例5：我发现用手机发游戏战绩、明星八卦和笑话的人多，发读书学习和校园生活的人少。

错误分析：谁说朋友圈的信息都是用手机发送的？也可以用电脑发送，其实通过什么发送不是题目讨论的重点。回答图表题时状语使用一定要准确，例5就用了一个不必要的状语导致了错误。

错例6：不同的人在生活中关注的点不同，所以发的朋友圈信息不同。

错误分析：图表题要横向、纵向观察找规律。这个回答可以看出从横向观察得不够，没有观察到各栏目数据多少的区别，因此得出了一个没有重点的肤浅结论。

错例7：发现人们喜欢将游戏分享到朋友圈的现象。

错误分析：图表题之所以要横向、纵向观察找规律，常常是因为要将多个数据进行比较或者整合，得出综合统计的结论，而不是抓住某一个数据得出结论，而对其他的数据"不管不问"。这个回答只描述了一个数据反映的现象，没有对多个数据进行分析和归纳，因此也得不出反映规律和共性的结论。

错例 8：由分享游戏战绩可知学生都玩游戏了，没有宣传正能量。

错误分析：首先，"都"这个限制词是不恰当的。"都"的意思是全部，这与 22％的学生晒游戏战绩不符。其次，晒了游戏战绩就是没有宣传正能量，得出这个结论也不严谨，经不起推敲。

错例 9：不同的人在生活中关注的点不同，所以发的朋友圈不同。

错误分析：图表题要横向、纵向观察找规律，这个回答说明横向观察不够，没有注意到各栏目数据的差别，结论没抓住重点。

错例 10：现在的学生喜欢分享一些让自己快乐有趣的事。

错例 11：游戏战绩等有趣内容在朋友圈占比大。

错误分析：把"有趣"这类词作为结论是要很慎重的，因为这类词非常主观，也不够精确。比如例 10，学生分享得多的话题固然有趣，但学生分享得少的家庭校园生活就不有趣吗？例 11 中，在朋友圈占比大的就一定有趣吗？比如各类自拍占比很高，但自拍就一定有趣吗？这可能是个见仁见智的问题，因此关键性的用词要精确。

错例 12：大家喜欢晒自己的生活，尤其是觉得有趣的一面。

错误分析：校园生活只占 9％，家庭生活只占 7％，比例都不高，与"喜欢"不吻合。表头中有了关于生活的类别，就不要再随便用"生活"这个词，容易造成混淆。

错例 13：最多的是明星八卦这种娱乐节目，而学习类的很少。

错误分析：明星八卦不是最多的一类，比例少的也不止是学习。观察和表述不仔细是回答图表题的大忌。这个答案还没有主语，回答图表题时必须要用到主语。

错例 14：学生朋友圈发各种娱乐信息的多。

错例 15：朋友圈发游戏战绩和八卦的多。

错误分析：错例 14 中，建议既然讲了"什么多"，就顺便讲讲"什么少"，这样可以减少失分概率。错例 15 中，只提到了分享游戏战绩和八卦的信息多，而幽默笑话占比与八卦一样多，却未提及。表述应该兼顾各个方面，力求全面。

解题建议

1. 审题要仔细，无论是题目中的文字，还是图表中的文字，包括提问、图表标题、表头、数据、表后括号、备注等都要仔细阅读。勾画出所有的要求，不要遗漏。

2. 抓住图表的话题或主题。不要随意扩大或缩小话题的范围，避免引述与图表话题无关和与题目要求无关的信息。

3. 横向、纵向观察图表，观察比对，分类考察，寻找规律。

4. 引述图表的文字要精确，但不能照抄数字。语言表述要准确。结论一定要有主语，也要注意表示限制范围的定语和状语。

5. 表述应该尽量全面。如回答量多少的问题，建议答作哪种情况多而哪种情况少的句式，避免仅答多或少的情况。

6. 注意不要超出字数要求。

例题2

请你用简洁的语言概括下图的主要信息。（3分）

2012～2015 年天猫、淘宝苟且类与远方类书籍的销售比

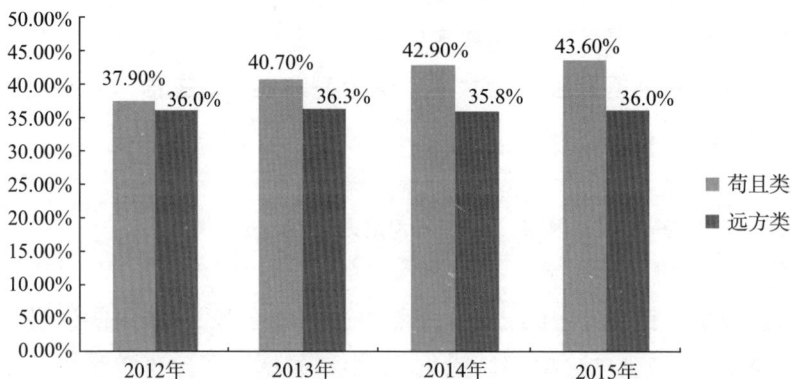

注：苟且类书籍包括计算机、管理、经济、法律、培训课程、励志、工具书、医学卫生、心理学、淘宝网开店等。远方类书籍包括文化、文学、艺术、小说、娱乐、时尚、哲学、宗教、旅行、漫画、古籍、网络原创等。

> **答案：2012 至 2015 年天猫、淘宝（1 分）苟且类书籍销售占比持续增长，（1 分）而远方类书籍则相对保持稳定。（1 分）**

分析学生错例

错例 1：买这类书多，说明社会在进步，社会发展很好，工作机会多。

错例 2：说明生存压力越来越大，所以买苟且类书的人多。

错误分析：错例 1 和错例 2 的观点是相反的，它们是都不正确还是对了一个呢？买工具书多究竟是经济形势好还是不好？如果你不能轻易下结论，就不要随意延伸话题范围，把书籍销量问题拓展到经济问题。

另外答题者没有理解苟且类书籍和远方类书籍的涵义。"生活不止眼前的苟且，还有诗和远方的田野"，结合备注的解释，苟且类书籍指的是直接能派上用场的工具类书，远方类书籍指的是能滋养理想和精神的书。

错例 3：社会上更多的人关注的是计算机、经济法律、上网课，而关注哲学艺术小说的人较少。

错误分析：该题图的标题既限制了时间，又限制了平台，因此其都不可省略。也不能只是照抄图中的几个指标，不归纳趋向规律。

错例 4：社会类书籍比知识类书籍的销售量多一点。

错误分析：答题者对苟且类和远方类的涵义认识是不到位的，而且对销售比也没理解，比例和数量是不同的概念。很多答题者之所以表述得不精确，是因为根本没意识到自己的错误表述与正确表述在意思上的区别。

错例 5：喜欢购买苟且类，趋势逐渐上升。

错例 6：买这类书的人逐渐增多/看苟且类的人比远方类多。

错误分析：错例 5 和错例 6 的共同问题是随意改动原文的表述，造成表述不准确。错例 5 中，喜欢的趋势上升，销量并不一定上升，比如在问卷调查中评分上升，也是喜欢的趋势上升，但销量不一定上升了。错例 6 中，销量多也不一定是买的人多，比如有一个超级粉丝买了一百万本，销量是很多，但不代表买的人很多。因此应该尽量忠于原文，避免出现表达上的错误。

错例 7：随着时代的变迁，苟且类比远方类销售占比增长。

错例 8：随着时代的变迁，2012～2015，苟且类书一直在增强。

错误分析：这两个例子也都是表述不准确。错例 7 中，总共才过去四年，谈不上时代的变迁。错例 8 中，"增强"一词不知其所指，是加入的出版社越来越多、知名作者越来越多、获奖比例越来越大，还是民意测验越来越受欢迎？这种语焉不详的回答是无法得分的。

错例 9：远方类书的销售率一直在 36％ 上下。

错误分析：图表不能直接照抄原题中的数据，这不算归纳。

错例 10：2012～2015 年天猫、淘宝上，苟且类书销售比远方类好，且呈上升趋势。

错误分析：还是一个表述要全面的问题。既然苟且类书籍说了，远方类书籍自然也应说说，如此可以增加得分概率。

解题建议

1. 审题要仔细，面对这种柱状图的长标题，尤其要思考哪些限制性词语不能错过。

2. 横向、纵向观察图表时，不只要看到各个"柱"的数值变化，还要注意比较"柱"的数值在各个年份的变化趋势。

3. 备注中的"苟且"和"远方"二词，对其要有正确的理解。

4. 表述准确，反复推敲，避免表述错误。

5. 表述应该尽量全面，比如答"哪种情况多"，建议答作"哪种情况多而哪种情况少"的句式。

题型 ㉓ 非连续性文本　对话邀请

☑ 代表题目

1. 你发现食堂公示栏有错别字，想给食堂师傅提出来，该怎么说？

2. 学校文学社成立 50 周年在即，你作为社长，想邀请市作协的张副主席近期来校做一次讲座，该怎么说？

3. 下周班级会去参观青年大学生影展，并有一个采访获奖导演的机会，请你设计两个采访的问题。

4. 邻居王大妈说你练琴勤奋，常常深更半夜还在不懈练琴，你该如何应对？

例题

5 月 31 日是"世界无烟日"，某中学学生会组织部分同学到长途车站对吸烟者进行现场劝阻。候车室里，一位 70 多岁的老大爷正在一边咳嗽一边吸烟，请你上前对老大爷说几句劝阻的话（4 分）

> **答案：** 大爷您好，（1 分）我看您一边咳嗽一边吸烟，（1 分）还是先别吸了吧？（1 分）何况这里还是公共场所呢！（1 分）

📖 分析学生错例

错例 1：老大爷，吸烟有害健康，您还是少吸点烟吧！

错误分析：多数题目信息都是有意义的，不要在答题时忽略。比如本题中，像"候车室里"透露的信息是公共场合，"边咳嗽边吸烟"涉及他人的健康状况和切身利益，都不应该忽略。

错例 2：请您不要再吸烟了。这里是公共场所，我看您一边咳嗽一边吸烟，对身体不好。

错误分析：对话应用类的题目，应该有称呼和问候语，不能不打招呼、没头没脑地开始。

错例3：大爷，您知道今天是什么日子吗？今天是世界无烟日。

错例4：大爷，吸烟有害健康，让别人闻到，对别人的健康也不好。

错误分析：以上两个回答都没把意图说清楚。说不定老大爷听完错例3的陈述，会以为是来做科普的，听完会继续吸，而错例4也只讲了劝阻的理由，缺一句关键性的结论。

错例5：老大爷，吸烟有害健康，而且还在车内，请您别再吸了。

错误分析：老大爷哪里在车内了？他是在候车室。本错例属于信息表述不准确。

错例6：大爷您小心点，抽烟会引起各种疾病，还会影响寿命，大家都等您长寿呢？

错例7：大爷，您的肺已经快不行了，如果您不想英年早逝的话，请停止吸烟。

错误分析：错例6和7感觉不是威胁就是诅咒，不符合礼貌、客气、委婉的对话要求。错例7中的"英年早逝"，是指在青壮年时期就去世的意思，用在大爷身上更是不伦不类。

错例8：大爷，你是想边抽烟边上医院呢？还是等救护车来接你？

错例9：大爷，您才七十，少抽烟，多看人间烟火。

错误分析：错例8、9是讽刺、挖苦的口吻，不符合礼貌、客气、委婉的对话要求。

错例10：你是想污染空气吗？

错误分析：这是直接的指责，容易引起对方的反感，导致交涉失败。

错例11：大爷你好，今天我们到长途车站对吸烟者进行劝阻，请你不要再吸了。希望你能配合，谢谢。

错误分析：看这语气，不知道的还以为你是执法机关的呢，全程是命令式的口吻，语气过于强硬。有些同学有误解，以为用了"请"字句就一定是客气，其实不然。如果提出请求的方式过于直截了当，就不能用商量的语气或者委婉的方式，这时即使用了"请"字，也是没有效果的。还有同学喜欢对对方说"希望……"，其实"希望"这个词也不可以滥用。长辈或上级可以向晚辈、下级提出希望，位置倒过来再用这个词就不合适了。

错例 12：爷爷，吸烟有害健康，人不应该吸烟。提神不妨清茶，消愁不如朋友。若吸烟，又何苦？

错误分析：后半句话来自一条吸烟的宣传标语，这种书面语不适合用于口语交流。如果你用这样的语言和大爷讲话，大爷会瞠目结舌的，还是应该使用口语。

错例 13：大爷您好，您这么大年纪就别吸烟了！吸烟有害身体，为了你爱和爱你的人好吗？

错误分析：除了不够口语化以外，这个错例的回答还不够通顺，语序也有问题。

解题建议

1. 注意观察、分析和运用题目中的信息，比如题目中的主题、任务，设定的条件、暗示等。多数题目的信息都是有意义的，不要在答题时忽略。

2. 回答口头对话题型的开始需要有称呼和问候语，若是对陌生人还应该有自我介绍。

3. 紧扣话题，讲清楚意图，必要的时候要给出具体措施。不能脱离话题，不能只讲理由不说主张；不能主张错误，否则就是答非所问。

4. 阐述的信息需准确，比如邀请，应讲明时间、地点和事由。

5. 语气应礼貌、客气、委婉。如果是邀请，应该用征询的语气而不是命令的语气。如果是指出问题或劝阻，应该用期待的语气（可以先表扬优点，以退为进）而不是教训、指责的语气，避免引起对方的反感。

6. 根据场合选择答案应采取的合适的情感、态度，根据对象的不同选择谦辞或敬词。

7. 口头对话应使用简洁的口语，避免过于书面化的措辞。对话应通顺流畅，符合常理，能够被大众接受。

题型 ㉔ 非连续性文本 活动设计

☑ 代表题目

1. 班级想在学校"读书活动月"期间推动同学们的读书热情，请你设计几个相应的活动。

2. "学雷锋"活动月期间，班级要出一期黑板报，请你为黑板报设计几个栏目。

3. 我市将在新春庙会期间举行"万人长跑"活动，请为这次活动确定一个主题，并写清楚活动的目的。

4. 班级将去盲童学校看望那里的学生，请你为这次活动安排活动的内容。

例题

你所在的班级将参加社区开展的"孝亲敬老"活动，请你设计两项具体的活动。（4分）

_____

_____

_____

答案：走进社区养老服务机构，为老人们表演文艺节目，如街舞、魔术、演唱、小品等。（2分）陪伴老人们开展文体活动，如书画、剪纸、棋牌、乒乓球等。（2分）

分析学生错例

错例1：和老人们谈一谈故乡/和老人讨论当下的道义观念。

错误分析：活动应以孝亲敬老为主题，不应是故乡或道义观的探讨活动，这样的回答属于主题偏离。

错例 2：敬老爱老，人人做到。

错例 3：孝道的重要性及自身实例。

错误分析：设计活动指的是设计活动形式。错例 2 像是一则宣传标语，表达了一种主张，并没有答出具体的活动形式。错例 3 是活动谈论的内容，也没有涉及形式。

错例 4：说说怎么尽孝道/陪伴老人。

错误分析：活动形式是指活动开展的方式和呈现的方式，而不仅仅是你参与的内容。比如每个人都能阅读，但未必会被认为是组织了一种活动。为了避免这种情况，建议在设计活动的时候选择形式感比较强的活动。常见活动形式参见题型建议 1。本错例中的回答都缺乏典型的活动形式。"说说"如果能改为"座谈会"，形式感就出来了。

错例 5：在社区帮一些老人的忙/活动表演。

错误分析：活动内容要写得具体一些，比如是帮什么忙，具体表演了什么活动。

错例 6：组织画画兴趣活动/品茶饮茶活动。

错误分析：设计活动的内容要写完整，答案应该把"老人"加进去，如果没有老人参与，这个活动设计就没有扣住主题，显得毫无意义。

解题建议

1. 常见的活动形式是：①亲自体验解决问题的活动方式，如上网、上图书馆查找资料、调查采访、问卷调查、开调查座谈会、主题班会等；②竞赛类的活动方式，如演讲比赛、诗歌朗诵会、作文竞赛、书法比赛、辩论赛、故事会等；③展览类的活动方式，如办手抄报、画展、墙报、自编作文集、写橱窗专栏等；④讲座类的活动方式，如知识座谈会、讨论会、名家讲座、交流活动、读书报告会、名著推介会等；⑤趣味类的活动方式，如对对联、猜灯谜、成语接龙、猜词游戏等。

2. 活动设计类的题目不一定是考设计活动形式，也可能是设计主题、目的、栏目、步骤，因此要仔细审题。

3. 设计活动形式要紧扣主题，内容具体。题目要求设计活动内容的，活动形式和内容都要回答。

4. 为活动设计题目要紧扣主题与内容，文字应简洁准确，符合标题的特征。题目应尽量展现活动形式而不是活动者的具体行为。活动中的某个步骤不等于整个活动，因此不要只概括活动的某一个步骤的内容作为整个活动的全部。

5. 活动目的是活动的意图和目标，不要写成内容、效果或建议。

6. 活动方案包括活动名称、活动目的、活动准备、活动步骤、活动总结。

7. 为主题活动写倡议书时，可以先谈谈活动的背景和目的、意义。如果题目没有具体讲是什么活动形式，那就需要把设计的活动形式写进倡议中去，然后讲活动怎么开展，最后发出倡议，动员大家参与。

题型 ㉕ 非连续性文本 归纳概括

☑ 代表题目

1. 根据材料说说青少年压力变大的原因有哪些。
2. 请你说说材料一和材料二对成功的定义有什么不同。
3. 请概括材料中提出的推进中小学研学的具体措施。
4. 根据三则材料，你认为怎样才能保持更长久的记忆？

例题

关于"工匠精神"的主题阅读

自《2016 政府工作报告》中"鼓励企业开展个性化定制、柔性化生产，培育精益求精的工匠精神"以来，"工匠精神"成为社会关注、讨论的热点：

材料一·未来

某某网广州 2017 年 3 月 24 日电 美通社／3 月 23—26 日，德国某集团管理执行董事会主席麦克博士受邀出席博鳌亚洲论坛 2017 年年会，并于 23 日下午举行的"工匠精神：把制造做到极致"分论坛上，与众多企业家及精英就将"制造"做到极致的"工匠精神"展开对话交流和深入探讨。麦克认为，质量、敬业、耐心是工匠精神的体现。德国约有 40％的学生选择职业学院，成为未来的工匠，而不上大学。过去的"工匠精神"意味着手工制作，而现在的"工匠精神"也包含机器生产。

材料二·现实

《解放日报》：青岛市召开的一次外资企业人才交流洽谈会上，一家塑料制品公司开出年薪 16 万元的高薪招聘一名高级技师。在劳动力普遍出现供过于求的情况下，国内的高级技术工人却出现了巨大缺口。

《参考消息》2017.3.22：今年春季以来，福建省某市高频举办了 24 场招聘会。许多电子企业不约而同地遇到了相同的问题与尴尬，那就是技工荒。招工者哀叹："博士硕士满街跑，在电子领域当中高级技工却难找。"

材料三·调查

2016 年，《中国教育报》一项对 1 794 名 15 至 36 岁年轻人进行的调查显示，95％的受访青年表示钦佩能在某个领域做到极致的人。但佩服归佩服，行动起来就难多了。调查同样显示，大约超过 70％的人会以现实为重，把"工匠精神"仅当作一种"云中"的理想，其中占比最大的两个原因是：①生产讲速度，营销靠低价，员工不培训，既然社会允许这样，我又何必讲"工匠精神"？②互联网时代，很多人在寻找风口、做网红，既能做自己喜欢的事，又能过得不错，生活多姿多彩。如果我慢工细活、精益求精，那赚钱就太慢而且无趣，因此我没法讲"工匠精神"。

材料四·观点

《经济日报》2016 年 8 月 15 日第 005 版"经济园桌"：过去我们尊称能人为"师傅"，现在称"老板"；过去几级工很自豪，现在好技工很难找。这说明现在工匠的社会地位不高、收入不丰、作用不够，许多优秀人才不愿加入工匠群体。在瑞士、德国，做一个工匠是很多学生尤其是男孩子的梦想。在我国大学生被称为"天之骄子"之时，日本则把民间艺人奉为"国之瑰宝"。不形成尊重工匠的良好社会氛围，不树立"技能光荣"的社会风尚，谁来做工匠？没有工匠，哪来的"工匠精神"？

《人民日报》2016 年 6 月 21 日第 020 版"新青年"：人是制度的产物，不同的制度安排会对一个人产生不同的激励，弘扬"工匠精神"要求人才激励制度对各类所有制经济的一视同仁。建议国家有关部门应从"工匠精神"养成的需要来审视我国现有的有关制度，摒弃清理一批过时的制度，建立并完善人才培育制度，形成工匠职级晋升、荣誉授予、国际交流的机制，收入分配要向能工巧匠倾斜，调动工匠"在车间完成创新"的积极性。

《中国航空报》2015 年 5 月 12 日第 002 版：在中国的儒家文化基因里，匠人是被人看不起的、是没有地位的。儒释道文化，尤其是儒学是主流文化，这种主流文化并不利于"工匠精神"的产生。孔子讲中庸，老子讲无为，佛教讲看破，孟子讲"劳心者治人，劳力者治于人"，都不利于产生"工匠精神"。科举制度开启了选拔人才的先河，从此也有了"万般皆下品，唯有读书高"。这些都导致民族精神中严重缺乏科学严谨、求实创新和精益求精的精神。1956 年制定并逐步完善的"企业八级技术等级制度"，得到当时企业工人和全社会的普遍认可，"八级工"成为工人终生奋斗的职业生涯目标。总的来说，中国的"工匠精神"被主流文化忽视，以民间口碑的形式，以"百年老号""中华老字号"的方式流传，忍辱负重，很委屈。

"人民论坛"理论研究中心2017.3.6：早先，我国处于产品"短缺时期"，公众更多关注的是产品数量和规模，忽视了产品的结构与质量。"中国制造"虽然遍及国内外市场，但有时也会被贴上"粗制滥造"和"价廉质次"的标签。随着中国经济的崛起，中国人的消费结构、消费习惯开始发生根本性的变化，慢慢从在乎"贵不贵"转为追求"好不好"。

材料五·选择

工匠精神：是指工匠以极致的态度对自己的产品精雕细琢、精益求精、追求更完美的精神理念。真正的工匠不断雕琢自己的产品，不断改善自己的工艺，既享受着产品在双手中升华的过程，又打造出本行业最优质的、其他同行无法匹敌的卓越产品。德国与日本的"工匠精神"享誉世界，一个家族几代人潜心钻研一门手艺的现象并不少见。

斜杠青年：指的是这样一个人群，他们不满足单一职业和身份的束缚，例如"张三，作家/演员/摄影师"。斜杠青年追求自主的而又多元的、有趣味的同时又能经济独立的生活，这已成为年轻人热衷的生活方式。

根据材料二，你能发现什么问题，请用一句话简要概括（4分）

答案：国内劳动力供过于求（1分），不缺乏高学历人才，（1分）但是特定领域的高级技工比较短缺（2分）。

🗑 **分析学生错例**

错例1：中国工匠十分稀缺，工匠精神不能得到传承，没有日本把民间艺人称为国之瑰宝的精神。

错误分析：审题不仔细。题目问根据材料二能发现什么问题，这个回答的内容全是出自材料四。

错例2：国内劳动力多，但是缺高级技工/国内高学历人才多，高级技工不够用。

错误分析：基本结论是知道的，但是没有答全得分点。要根据材料提炼内容，尽量多答，增加得分率。

错例3：现在很多人都难以找到工作。

错误分析：这个回答与材料的表述不符。材料说的是缺少高级技工，不是很多人无法就业。

错例4：中高级技工稀缺，出现供过于求的情况，就业人口变少。

错误分析：这个回答前后矛盾。技工资源稀缺，又怎么会供给大于需求呢？材料中也没有提到就业人口变少，这属于信口开河。

错例5：国内高级技术出现巨大缺口，造成大部分地区的技术荒。

错例6：国内技术人口大量缺乏。

错例7：公司招不到人才。

错误分析：答题者缺乏对相关常识的了解，用词不准确，导致出现概念性错误。例5中出现缺口的是技工而不是技术，造成的是技工荒而不是技术荒。技工是一种人或一个工种，技术是一种知识经验，二者不可混淆。例6中缺乏的应该是"技术工人"，而不是"技术人口"。例7中公司不是找不到人才，而是技术工人。博士、硕士也是人才，但他们在材料中所指的公司里是不缺的。

错例8：不同的地方招聘都会缺乏技工。

错误分析：非连续性文本常常考查的是学生对语言工具性的掌握情况，因此要注意表述的准确性。原文指招聘缺的不是技工，而是高级技工。缺少关键的限制词"高级"，导致回答的意思出现了偏差。

错例9：国内找不到高级技工了。

错误分析：答案是表述欠缺准确性的表现。原文是说国内难找高级技工，与找不到高级技工是有区别的，不要随意夸大表述的程度。

错例 10：我国高级技工人数少。

错误分析：这个表述也不太精确。如果看需求缺口，或者看高级技工在工人中的比例，也许是少的。但是如果按绝对人数来看，我国的高级技工人数不是个小数字。因此说技工"少"，不如说技工"缺"。

错例 11：太多人注重文理成绩，没有意识到国家也需要有动手能力的人。

错误分析：这个回答只反映了答题者的观点，但结合材料不够紧密。概括材料回答问题，要尽量从材料中归纳，明确地体现出结论与材料之间的联系。

解题建议

1. 非连续性文本需要在通读全文后审题，再根据题目的要求重新阅读文本，寻找答案。

2. 对于长的文本，要弄清全文的思路结构。可以借助关键句段梳理结构，写出小提纲。在充分理解文本各部分的意思后，再选择合适的句子作为答案。

3. 审题要仔细，不要答非所问。有多个问题的，不要答漏任何一个问题。很多题目都规定了回答的范围（如材料几或第几段），注意不要超出。

4. 注意题目的隐含要求，如问"从某某角度，可以得出什么结论"这样的问题其实包含了两个要求，即从某一角度和得出什么结论，不能只答其中一个问题。

5. 根据分值推测答案的要点数目，比如四分的题一般不会只答三点，应尽量多答。如果能答四点，就不要只答两点，以增加得分概率。

6. 答题时不能只看题目不看原文就作答。看原文也不能只看题目涉及的那一两句，要观察上下文。

7. 注意提炼关键词句，确保概括出的内容简洁、凝练。（尽量不要照抄原文，照抄不叫归纳、概括）。

8. 注意引用和表述的完整性、全面性、准确性和具体性。要多推敲自己表述的语句，避免引用了原文的次要内容却遗漏了主要内容，避免顾此失彼、以偏概全、语焉不详、改变结论范围等问题发生。

9. 表述有条理，针对一题多问的情况，答案一律不能混合，要分开答，并按提问顺序答。同一个问题有多个要点的，应分点作答，并标好序号。

10. 注意甄别答题各要点的实质，避免重复表述或交叉表述。

11. 不要只顾陈述自己的观点而脱离了原文。回答要尽量在文中能找到依据。回答的观点应该符合要求范围的整体主张而不只是某个句段的局部主张。

题型 26　非连续性文本　提出建议

☑ 代表题目

1. 学校倡导节约粮食，请你为学校提出具体、合理的建议，帮助同学们提高节约意识。

2. 请你根据题目中展示的问卷调查，提出提高活动参与度的建议。

例题

《经典咏流传》让经典流行起来（节选）

①继《中国诗词大会》《朗读者》《见字如面》等多档引发热潮的文化综艺类节目之后，央视综合频道于春节期间又推出了大型文化节目《经典咏流传》，节目开播次日就获得了豆瓣9.4的高分，创造了文化节目的最高评分。节目"和诗以歌"，将古典诗词配以流行音乐，带领观众在一众创作歌手的演绎中领略诗词之美、音乐之美、情感之美和精神之美；同时还邀请文化学者和音乐家联席点评，深层挖掘、多元解析诗词音乐中的主流价值表达，让它们在当下语境产生情感共鸣、激发传播欲望。

②在知名作家梁晓声看来，近年电视媒体的专栏节目非常多，但大多属于娱乐有余而文化不足。《经典咏流传》这一节目之好超出了他的想象，"我也想到过古典诗词的现代传唱，不过更多想到的是古筝，曲调依然想到的是古调，用如此现代的唱法和曲调来演绎，而且演绎得更贴切，这是我没有想到的，因此我觉得这对全国的电视台都是一个示范。"梁晓声认为《经典咏流传》很好地开拓了电视节目的文化表达。这样的节目才是具有中国特色，适合走出去的节目。

③中国传媒大学教授高晓虹认为，《经典咏流传》不是"为赋新词强说愁"，它为文化传承找到了一个强大而流畅的节目逻辑，带着一种文化的修复感和使命感而来。节目巧妙地解决了纯文化节目缺乏大众传播性和音乐节目缺乏文化底蕴的问题，真正做到"中华优秀传统文化的创造性转

化、创新性发展。""在《经典咏流传》正式开播之前，关于这档节目我内心有很多的问号，因为此前我从未见过一档将诗歌唱成音乐的节目，它远远超出了以前诗词综艺"朗诵赏析"和"知识竞赛"两大形态，诗词改编配乐意味着海量创作，这种改变既需要融合经典诗词的文化价值，又需要与音乐的审美价值相统一；既要有国家电视台的站位，又要有艺术的高度。"高晓虹说，从大年初一到大年初三连播的三期共计16首歌曲中我们可以看到，《经典咏流传》不仅用流行音乐包装了古典诗词，而且在立意内涵的挖掘和音乐创作的诚意上堪称"呕心沥血"，可谓又一次做到了国家台的开拓性和标杆性。

④中国音乐学院院长王黎光作为《经典咏流传》经典鉴赏团成员感触颇深，表示参与这一节目让他改变了很多，甚至改变了对艺术教育的一些认识，"这档节目能够以中华优秀传统文化最高端的思想境界，心平气和地走近百姓，让我感受非常深。节目中，梁俊老师改编自清代才子袁枚的《苔》，经过现代音乐的演绎之后，动人心弦，一夜之间陶醉了亿万中国人的心。'白日不到处，青春恰自来。苔花如米小，也学牡丹开。'这首作品非常清新和本真，梁俊老师以寓教于乐的形式，使长在贵州山区的孩子们从小就感受到平凡而卓越，这才是教育的根本，也是艺术的根本。"流行的不一定是经典，但经典的一定要流行。王黎光认为经典诗词在现代语境下丝毫不落伍，《经典咏流传》通过语言和音符的嫁接，让大众更好地接近传统文化，这种做法是对艺术的准确表达。

⑤清华大学新闻与传播学院教授、影视传播研究中心主任尹鸿认为，《经典咏流传》拉升了电视节目的平均文化值，创新诗和歌的结合回到诗歌的起源，让诗歌回到了生活当中，完成了创造性转化和创新性发展，把一个过去完成式的东西成功地转化为现在进行式的文化。歌给文字带来情绪感染，而诗给歌带来更多的表情，不仅让诗歌流传，也会让歌词越写越有文化。

⑥中国社科院新闻所世界传媒研究中心秘书长冷凇认为，文化节目的不断爆发，既是大众审美日益提升的标志，也是中国文化不断繁荣的证明。《经典咏流传》最为成功的地方，就是为世界传统文化的传播难题找到了中国式解决的途径，它在潮流时尚和传统文化之间形成了一种会商机制。

备注：会商机制是指多方商量，集体解决问题的制度。

链接材料：

节目热播也成为全国两会上的热点，全国政协委员、中国音乐学院院长王黎光在两会上提出的"将《经典咏流传》式的美育教育推广到基层和全民"提案，获得17位政协委员的联名支持。教育部部长陈宝生在接受记者采访时表示，教育部近年来大力发展中华优秀传统文化，把优秀传统文化进校园作为固本工程和铸魂工程来抓，未来还要进一步做好老师的培养、新编中小学教材中增加优秀传统文化内容、建设校园文化三件事。

为了应付考试或者敷衍任务。许多学生只是机械地、无奈地背诵经典，丢掉了诗词的精神魅力与文学情韵。请结合材料，从学生角度列出两条改进措施。（4分）

> **答案：**思想感情角度，从内心认同与热爱经典文学出发，立志传扬经典文化；（2分）行为角度，借鉴节目"和诗以歌"的办法，将古诗词配乐演唱；（2分）多看诗词影视节目，激发对经典诗词的热爱与兴趣；（2分）深入学习必要的诗词知识，真正领略诗词的内涵与精神。（2分）（答到二点即可）

🗄 分析学生错例

错例1：保持对学习的兴趣，用科学的方法学习，更积极主动地学习。

错误分析：题目的话题是"怎样背诵经典诗词"，而这个回答的话题是"怎样学习"。话题与题目不一致。

错例2：少布置点作业，让学生有更多的时间理解诗词/讲诗词的时候更细致落实，方便学生理解。

错误分析：审题不仔细，没有看到题目要求"从学生角度列出改进措施"。错例2中的回答都是从教师角度提出的措施。

错例 3：在生活中多用古诗词，多举行诗词竞赛讲座。

错误分析：题目要求"结合材料"，而错例 3 没有结合材料，答案中的措施来自答题者自己的创造，没有从材料中生发，也没有给出"结合材料"的内容。

错例 4：领略诗词的精神魅力至关重要，那才不会失去诗歌的灵魂。

错例 5：让孩子们真正爱上背诗。

错误分析：错例 4 的回答是在讲原因、意义，错例 5 的回答是在讲效果，二者都没有提出应采取的措施。

错例 6：背诵时多带感情/认真体会诗歌之美。

错误分析：错例 6 的两个措施都谈不上具体、有效。答题时尽量不要把改变主观态度当成措施，如要答提升态度，也应该把它当成一个效果，讲清楚依靠什么方法和途径实现了态度的提升。

解题建议

1. 注意审题，不要遗漏题目的要求（如是哪个方面或哪个角度的建议，是大题要求还是小题要求），并紧扣材料的主题。

2. 提出建议要讲措施，而不是讲原因、意义、效果。

3. 措施要有可行性和有效性，陈述措施要具体，不能含糊其辞。

4. 要求结合材料的，应在回答中给出"结合材料"的内容。

题型 27 非连续性文本 观点评述

☑ 代表题目

1. 你对父母到孩子学校附近租房陪读的现象有何看法？请说说你的意见。

2. 有同学认为，儿童文学作家写的书都是给小孩子看的，自己作为初中生再看儿童文学就显得幼稚了。你的看法是什么？请结合材料，发表意见。

3. 有人认为林冲是英雄，也有人认为林冲是懦夫。为此语文教师组织了一场辩论会，请你为反方写一段辩词，要求形象突出，结合具体情节阐述。

☑ 常见答题模式

答案的基本模式为：表态＋理解题目原句＋分析＋结合材料举例＋结论。

例题

该不该让孩子过"洋节"

在节日扎堆的下半年，刚刚过完万圣节，孩子们又将迎来感恩节、圣诞节、元旦和春节，其中洋节日在孩子们中间受宠指数很高。到底该不该让孩子过洋节，到底该让孩子如何过洋节，成为"万圣节"之后各大亲子论坛讨论的热点话题。

正方：洋节比中国传统节日更适合孩子。

豆豆爸爸：在全球化时代，孩子的世界是开放的。孩子长大后，他们很有可能出国旅游、游学、竞赛或留学等，需要跟外国朋友交往。因此，对于不同年龄的孩子来说，都需要认真了解国外的文化、宗教、节日、礼仪等。让孩子过洋节，无疑是最好的学习机会。

琳琳妈：我觉得应该支持孩子过洋节。孩子们需要有像圣诞老人那样的童真想象。中国的传统节日虽多，但除了给孩子压岁钱，还给过孩子什么？

反方：家长应该重视中国传统节日，并让孩子从中了解中国传统文化。

琪琪爸：中国传统文化是根，是属于我们的最宝贵的文化，是更适合孩子的精神养分。如果有一天我们的国家丧失了自己的传统文化，那么我们的民族向心力也就随之烟消云散了。孩子小的时候，多让他感受中国文化，外国的文化可以在他长大后让他自己去了解。

彤彤妈："圣诞节"是一个宗教节日，人们把它当作耶稣的诞辰来庆祝。让我不明白的是，大张旗鼓过圣诞节的爸爸妈妈们，你们是基督徒吗？个人认为，"洋节日"是商家们的促销节。喜欢洋节日的爸爸妈妈们其实是中了商家促销的毒。

专家看法：不管是洋节还是中国节，关键是要过对！

在"亲亲袋鼠"资深早教专家符欣看来，对于孩子而言，不管是洋节日，还是中国的传统节日，都必须要过对。

首先，要让孩子对洋节和传统节日有一个清醒的认识。洋节的优点是轻松、娱乐、互动性比较强。传统节日的特点是内涵比较丰富。作为家长，我们可以在洋节日里带给孩子欢乐，同时可以在中国传统佳节时多让孩子参与各种传统活动，了解一些跟节日有关的文化和传统。

其次，要通过亲身示范和言语提醒，让孩子明白节日的意义所在。过节，不只是买东西或者吃大餐，应提倡重视其节日的文化内涵。亲友团聚时，应该引导孩子与平日难得相见的朋友们深入交流，让节日成为亲友之间联络感情的纽带。

最后，无论是洋节日还是中国传统节日，在陪孩子过节时，"陪"的过程是很重要的。想要让孩子们对节日本身感兴趣，父母就应该和孩子一起去挖掘节日的美好所在。虽然传统节日相对比较沉重，但是父母可以通过和孩子一起做月饼、剪窗花、贴春联、扎灯笼等，让孩子更多地参与到节日活动中来。一旦孩子有机会参与，一些传统节日就会变得有意思，也会让孩子更难忘。

链接一：

5岁的昊昊，刚在幼儿园过了"万圣节"之后，最近一直提着和爸爸一起做的南瓜灯不撒手。问他最爱的节日是什么时，昊昊马上回答"万圣节"。昊昊爸笑言，圣诞节的时候给昊昊买棵圣诞树，昊昊最喜欢的节日估计会变成圣诞节啦。

记者在昊昊所在的幼儿园开展了一项小调查，调查结果显示，除儿童节外，孩子们最喜欢过的是圣诞节，其次是万圣节，只有28％的孩子喜欢过春节，12％的孩子喜欢过中秋节，6％的孩子喜欢过国庆节。几乎所有的孩子都认为，在"洋节日"里，爸爸妈妈不用走亲戚，会"陪"自己一起玩，会更有趣一些。

链接二：

中国民间农历每月都有节日，南方人有此民谣：正月油豉，二月饼，三月清明，四月八，五月节，六月十九，七月十四，八月十五，九月重阳，十月朝，十一月冬、十二月年。各个节日或敬鬼神，或庆团圆，或贺丰收，或尊长辈，各有内涵，表现了中国人民赋予生活的美好期待。

"洋节"也饱含他国人民的价值观及对生活的理解。"情人节"象征着美好的爱情，"母亲节"体现母爱的伟大，"感恩节"旨在感谢生命中遇到的一些人和事。

链接三：

据考证，"母亲节"最早起源于古希腊，但在美国"发扬光大"进而风靡世界。"春节""中秋节"是中国的传统节日，但很多国家受中华文化的影响，也纷纷过起了中国春节和中秋节，特别是东南亚和东北亚一些国家，中秋节也是他们的传统节日。

某大学在平安夜组织学生观看中华传统文化宣传片，并封锁校门禁止学生外出过平安夜，若发现谁过圣诞节一律记过处分。请结合本文观点，谈谈你对这所大学做法的认识。（5分）

答案1：我不赞同这所大学的做法（表态1分）。因为全球化时代，世界是开放的，过洋节是了解国外的文化、宗教、礼仪的最好方式，不管是洋节还是中国节，关键是要过对（结合本文观点1分）。平安夜就应该让学生顺应时节，好好了解外国文化，在此时宣传中国传统文化并不合时宜（具体分析1分），禁止学生外出过"平安夜"违规就记过处分，这种行为更是可笑（结合题目1分），我觉得中国传统文化若要更受大家欢迎关键在于提升自身的吸引力，而不是通过制止人们去接触外来文化而达到目的。（结论1分）

答案2：我赞同这所大学的做法（表态1分）。因为中国传统文化是根，是属于我们的最宝贵的文化，我们不可以丧失自己的传统文化，大张旗鼓过圣诞节其实是中了商家促销的毒（结合本文观点1分）。平安夜组织学生观看中华传统文化宣传片，是为了提醒学生勿忘中国传统文化（具体分析1分），学校禁止学生外出过平安夜，违规记过处分的行为也可以理解（结合题目1分），因为在当代，学生最容易盲目追逐、追捧外来文化，因此需要给他们一些正面的引导。（结论1分）

分析学生错例

错例1：我觉得有些强制性了。现在过节最重要的是"陪伴"和"怎么过"，可以适量地去过节，因为我国节日也是他国人喜欢的节日。

错误分析：观点评述首先要明确表态，如赞同或不赞同，要讲清楚。用词也应该推敲，这里的"适量"估计是想用"适当"，但是原文讨论的不是数量问题，而是"该不该"的问题。

错例2：我不认同大学的做法。节日是人们对美好事物的一种期盼。可以少过，但不可严苛管制。这所大学的管理未免太过分了。

错误分析：表完态后，应该尽量从原文中寻找表达观点的语句。在分析原因的时候，也应该结合题目的内容具体分析，比如"锁门""记过"可以用来证明管理过度。

错例3：我认为不对。因为过洋节并不代表不过传统节日。过洋节既可以使我们放松，又可以让中西文化相互学习、促进。

错误分析：所以呢？讲了前面这些的目的是什么？缺一个明确的结论。当然，本错例也没有结合题目分析问题。

错例4：做法是对的。平安夜虽是洋节，但是我们也可以参加，体现外国人的节日。

错误分析：本错例有三个问题。首先是表态与分析自相矛盾。表态是说"大学禁止过洋节是对的",可是分析又说"我们可以过洋节",属于自相矛盾。第二,表态要陈述完整,"什么做法是对的"要说清楚,如果因为偷懒少写几个字而失分就太可惜了。第三,一定要仔细推敲,确保表述严谨。"体现"一词明显用词不当,应作"体验"。

💡 **解题建议**

1. 观点评述题常常有五个基本组成部分,注意不要缺少要件。

2. 注意审题,不要遗漏了题目的要求。

3. 如果题目要求结合材料,就要在答题时给出"结合材料"相关的内容,如答"如材料第几段的某事例"等。

4. 回答力求全面、具体、细致,避免片面、空洞的表述。

后记

很多年以来，笔者把大量的精力和时间放在了德育研究上，然而作为一名语文教师，笔者对语文学科始终怀有浓厚的兴趣。如何在语文课上体现出自己的特色，如何让语文课更适应当前教育形势的需要，这些问题一直萦绕在心头，促使笔者不断探索。

"双减"政策的实施，为教育带来了新的机遇与挑战。如何在减轻学生负担的同时提升教学质量，是每一位教育工作者思考的问题，而笔者也试图通过自己的实验，为这一时代命题寻找答案。这本书记录了笔者在这个时期语文教学中的探索与实践，希望能为同行们提供一些有益的参考。

在实验过程中，笔者始终致力于将学生从大量的"刷题"中解脱出来，转向"能力培养""思维训练"和"素养提升"。笔者希望通过优化作业设计、创新课型结构，让学生在轻松的学习氛围中绽放出更多智慧的光芒，同时也能有更多时间去探索其他领域，促进全面发展。经过四年的努力，实验效果令人满意：作业量的减少不仅没有影响成绩，反而让学生对语文的兴趣愈发浓厚，对语文学习的态度更加自信主动，学生在语文学习中也更加投入、深入。

在开展教学实验的过程中，笔者有时也会感受到艰辛与孤独，但当实验完成、找到一些有操作性的方法和路径、看到实验给学生带来的快乐、收获与成长时，那种成就感让笔者觉得，做这件事是值得的。

感谢费春斌先生和王相群女士给予笔者的启发与指点，他们的理念为笔者的实验提供了方向；感谢李永红、罗奎、赵忠、窦凌、陆会、陆敏等老师的支持与鼓励，让笔者在探索中感受到温暖；感谢陈家尧老师对本书提供的巨大帮助，让这本书能够顺利面世。

最后，想用《瓦尔登湖》中的一段话作为这篇后记的结尾：

我步入丛林，
因为我希望生活得有意义。
我希望活得深刻，
并汲取生命中所有的精华。
把非生命的一切都击溃，
以免让我在生命终结时，
却发现自己从来没有活过。

在教育的道路上，笔者愿像梭罗一样，深入探索，追寻教育的本质与意义。也希望每一位教育工作者都能在时代的浪潮中，找到属于自己的教学创新之路，让教育回归本质，让教育充满温度。

唐 鉴
2025 年 3 月